© Verlag Zabert Sandmann
München
1. Auflage 2014
ISBN 978-3-89883-382-0

Grafische Gestaltung	Georg Feigl, Jürgen Endriß (Netzwerk GbR)
Foodfotografie	Eising Studio | Food Photo & Video (Martina Görlach, Katrin Oswald)
Foodstyling	Michael Koch
Porträtfotos	Foto Sessner (Andreas Köhler)
Rezeptküche	Monika Reiter, Gerlinde Hans, André Schellenberg
Redaktion	Ines Alms, Sarah Fischer, Eva-Maria Hege, Karin Kerber
Vorwort	Rudolf Bögel
Herstellung/Lithografie	Peter Karg-Cordes, Jan Russok, Irene Schulz
Druck & Bindung	Mohn Media Mohndruck GmbH, Gütersloh

 Beim Druck dieses Buchs wurde durch den innovativen Einsatz der Kraft-Wärme-Kopplung im Vergleich zum herkömmlichen Energieeinsatz bis zu 52% weniger CO_2 emittiert.

In Zusammenarbeit mit dem Bayerischen Fernsehen
mit Lizenz durch die BRW-Service GmbH

Besuchen Sie uns auch im Internet unter www.zsverlag.de

Alfons Schuhbeck

Meine neue bayerische Landküche

ZABERT SANDMANN

Inhalt

Vorwort	6
Hausg'macht	8
Vorspeisen & Suppen	20
Fisch	46

Fleisch & Geflügel	70
Desserts & Gebäck	96
Register	118
Wegweiser zur Sendung	120

Vorwort

Daheim schmeckt's am besten

»Bleibe im Lande und nähre dich redlich!« So heißt es schon in der Bibel. Aber was sich zunächst nach einem engeren Hosengürtel und karger Fastenzeit anhört, schaut bei uns in Bayern schon ganz anders aus. Denn bei uns im Freistaat fließen nicht nur die Milch und der Honig, nein, in unseren Flüssen und Seen schwimmen die Huchen, Saiblinge und Forellen, im Wald stolzieren die Rehe und Hirsche, und auf den saftigen Kräuterwiesen weiden die Ochsen. Bei den Aussichten – da fällt einem die Umsetzung der Bibel nicht schwer, da bleibt man gerne im Land und nährt sich redlich.

Raus aufs Land! Zurück zu den Wurzeln. Und rein ins (Koch-)Vergnügen! Glauben Sie mir, wer wirklich wissen will, wie Bayern schmeckt, der muss sich da umsehen, wo unser Essen herkommt. Draußen in den Wirtshäusern und Metzgereien, bei den Bauern und Erzeugern ist die Küche doch am frischesten. Bodenständig, aber gut. Echt und unverfälscht.

Den guten Geschmack hab ich auf meinen Landpartien jedenfalls gefunden und mich für diese zweite Ausgabe meiner bayerischen Landküche inspirieren lassen. Rausgekommen sind dabei sowohl Traditionsgerichte, also echte Klassiker, wie ein saftiges Zwiebelfleisch oder a g'scheide Tellersülze, die ich allerdings ein bisserl zeitgemäßer verfeinert habe. Aber auch völlig neue Kreationen finden Sie in diesem Bücherl, wie zum Beispiel meinen Hirschrücken mit Holunder-Rotwein-Butter.

Ob Obst, Gemüse, Kräuter oder Fleisch – mir ist auch die Herkunft der Produkte wichtig. Nicht aufwendig importiert aus aller Herren Länder, sondern (auf)gewachsen, aufgezogen, gehegt und gepflegt bei uns daheim in der Heimat. Apropos. Da spielt natürlich das Daheimgemachte, also das Hausgemachte, auch wieder eine große Rolle. Selber machen, nicht bloß

einkaufen, heißt die Devise! Und so schwer und aufwendig, wie sich manches zunächst anhört, ist das Ganze auch wieder nicht: Essig selber veredeln – kein Problem! Mayonnaise nicht aus der Tube, sondern selbst anrühren – keine Angst! Und die Mixed Pickles, die legen Sie mit ein bisserl Übung und meinen Tipps, Tricks und Kniffen im Handumdrehen selber ein.

Bayerische Landküche, frisch auf den Tisch – ich garantiere Ihnen: Was Besseres wie so was Guads werden Sie nicht finden. Und wenn doch, dann verraten Sie es mir doch.

An Guadn wünscht

Ihr Alfons Schuhbeck

Gewürzessig

Zutaten für je ca. 400 ml

Für die Essigbasis:
40 g Puderzucker
400 ml milder Weißweinessig
200 ml Apfelsaft

Für Orangen-Ingwer-Essig:
3 Streifen Bio-Orangenschale
6 Scheiben Ingwer · 1 Zimtsplitter
½ Vanilleschote · 2 Zweige Rosmarin

Für Honigessig:
1–2 TL Honig
3 kleine, getrocknete rote Chilischoten
2 Zweige Thymian

Für Wacholderessig:
5 angedrückte Wacholderbeeren
½ TL Korianderkörner
½ Zimtrinde · ½ Vanilleschote

1 Für Orangen-Ingwer-Essig die Essigbasis herstellen (siehe Tipp). Orangenschale, Ingwer, Zimt, Vanilleschote und gewaschenen Rosmarin in eine Flasche geben und mit dem Essig auffüllen. Mindestens 1 Stunde ziehen lassen.

2 Für Honigessig die Essigbasis herstellen (siehe Tipp) und mit dem Honig in einer Schüssel verrühren. Chilischoten und gewaschenen Thymian in eine Flasche geben und mit dem Honigessig auffüllen. Mindestens 1 Stunde ziehen lassen.

3 Für Wacholderessig die Essigbasis herstellen (siehe Tipp). Wacholderbeeren, Korianderkörner, Zimt und Vanilleschote in eine Flasche geben und mit dem Essig auffüllen. Mindestens 1 Stunde ziehen lassen.

Mein Tipp:

Für die Essigbasis (Zutaten siehe oben) den Puderzucker in einem Topf bei milder Hitze hell karamellisieren. Mit Essig und Apfelsaft ablöschen und auf etwa 400 ml Flüssigkeit einkochen lassen. Die Gewürzessige halten sich mehrere Monate. Sie können z. B. für die Zubereitung von Wurstsalat oder Sauerbraten verwendet werden.

Hausg'macht

Eingelegter Kürbis

Zutaten für 4 Gläser (à 250 ml)

600 g Muskatkürbis
150 g Zucker
200 ml Weißweinessig
2 Lorbeerblätter
2 Wacholderbeeren
½ TL schwarze Pfefferkörner
2 Gewürznelken
2 Scheiben Ingwer
2 Knoblauchzehen
1 TL gelbe Senfkörner

1 Den Kürbis schälen, entkernen und das Fruchtfleisch in 1 cm große Würfel schneiden (ergibt etwa 400 g Kürbiswürfel).

2 Den Zucker in einem Topf bei mittlerer Hitze hell karamellisieren. Mit 400 ml Wasser und dem Essig ablöschen. Lorbeerblätter, Wacholderbeeren, Pfefferkörner, Gewürznelken, Ingwer, Knoblauch, Senfkörner und Kürbis hinzufügen und alles 4 bis 5 Minuten kochen lassen.

3 Die Kürbisstücke samt Flüssigkeit und Gewürzen in Twist-off-Gläser füllen. Die Gläser sofort verschließen und umdrehen, sodass sie auf den Deckeln stehen. Abkühlen lassen.

Mein Tipp:

Eingelegter Kürbis schmeckt z. B. in einer Kokos-Curry-Suppe (siehe S. 43) oder zu Tafelspitz (siehe S. 36). Außerdem kann man ihn gut für Brotzeiten und Salate verwenden. Der eingelegte Kürbis ist ungeöffnet bei kühler Zimmertemperatur mehrere Monate haltbar. Nach dem Öffnen sollten Sie ihn im Kühlschrank aufbewahren.

Mixed Pickles

Zutaten für 4 Gläser (à 400 ml)

270 ml milder Weißweinessig
170 g Zucker · Salz
100 g Perlzwiebeln (geschält und halbiert)
100 g kleine Karotten (schräg in Scheiben geschnitten)
100 g Staudensellerie (schräg in Scheiben geschnitten)
200 g Blumenkohl (in Röschen)
je 80 g rote und gelbe Paprikaschote (in Rauten geschnitten)
100 g frische Mini-Maiskolben (halbiert)
4 Scheiben geschälter Meerrettich
12 Scheiben geschälter Ingwer
2 halbierte, geschälte Knoblauchzehen
4 TL schwarze Pfefferkörner
4 TL gelbe Senfkörner
4 kleine Lorbeerblätter

1 Den Backofen auf 175 °C vorheizen. Ein tiefes Backblech auf die unterste Schiene schieben und etwa 2 cm hoch mit Wasser füllen. Zwei Blatt Küchenpapier einlegen.

2 Essig mit ½ l Wasser, Zucker und 1 TL Salz in einem Topf aufkochen. Das Gemüse mischen, in die Gläser verteilen und fest hineindrücken. Je 1 Meerrettichscheibe, 3 Ingwerscheiben, ½ Knoblauchzehe, 1 TL Pfefferkörner, 1 TL Senfkörner und 1 Lorbeerblatt in ein Glas geben.

3 Den Sud auf die Gläser verteilen. Diese verschließen, in das Wasserbad in den Ofen stellen und etwa 45 Minuten pasteurisieren. Aus dem Ofen nehmen und abkühlen lassen. Mindestens 2 Tage, besser 2 Wochen durchziehen lassen.

Mein Tipp:

Die Perlzwiebeln lassen sich leichter schälen, wenn man sie vorab 10 Minuten in warmes Wasser legt. Das Gemüse sollte man gut in die Gläser einschichten bzw. -drücken, da es beim Garen an Substanz verliert und sonst später stark schwimmen würde. Die Mixed Pickles halten sich ungeöffnet bei kühler Zimmertemperatur etwa 6 Monate. Nach dem Öffnen im Kühlschrank aufbewahren.

Gemüse- und Kartoffelchips

Zutaten für 4 Portionen
1 Petersilienwurzel
1 gelbe Karotte
1 Rote Bete
1 große Kartoffel
Fett zum Frittieren
mildes Chilisalz
Pfeffer aus der Mühle
Gewürzmischung für die Mühle:
Korianderkörner, Zimtrinde, schwarze Pfefferkörner, Fenchelsamen

1 Die Petersilienwurzel, die Karotte und die Rote Bete putzen, schälen, längs halbieren und mit dem Gemüsehobel in 1 bis 2 mm dünne Scheiben hobeln. Die Kartoffel schälen und ebenfalls in 1 bis 2 mm dünne Scheiben hobeln.

2 Zum Frittieren das Fett in der Fritteuse oder einem Topf auf 160 bis 170 °C erhitzen. Jede Gemüsesorte und die Kartoffelscheiben darin separat portionsweise ausbacken, bis sich die Ränder zu wellen beginnen.

3 Die fertigen Gemüse- und Kartoffelchips mit dem Schaumlöffel herausheben und auf Küchenpapier abtropfen lassen. Die Gemüsechips mit Chilisalz und Pfeffer oder der Gewürzmischung aus der Mühle würzen, die Kartoffelchips nur mit Chilisalz würzen.

Mein Tipp:

Neben den klassischen Wurzelgemüsesorten eignen sich auch Radi, Topinambur, Artischocken oder Zucchiniblüten für die Gemüsechips.

Knabber-Nussmischung

Zutaten für 4 Portionen
1 Eiweiß
2 gehäufte TL mildes Currypulver
(oder Ras-el-Hanout oder Zatar)
1 gehäufter TL Salz
100 g Mandeln
300 g gemischte Nüsse (z. B. Haselnüsse, Cashewkerne, Pekannüsse)

1 Den Backofen auf 160 °C (Umluft) vorheizen. Ein Backblech mit Backpapier belegen. Das Eiweiß leicht verquirlen, dann das Currypulver und das Salz untermischen.

2 Die Mandeln und die Nüsse mit der Eiweißmischung vermengen und auf dem Backblech so verteilen, dass sie sich möglichst wenig berühren.

3 Die Nussmischung auf der mittleren Schiene im Ofen insgesamt etwa 15 Minuten mittelbraun backen, nach 10 Minuten einmal umrühren. Abkühlen lassen und in einer gut verschließbaren Dose aufbewahren.

Mein Tipp:

Die Nussmischung eignet sich nicht nur solo als gesunde Knabberei, sondern auch als Zutat beim Kochen. Für eine Panade etwa zerkleinern Sie die Nussmischung im Blitzhacker zu Bröseln und mischen sie dann mit Semmelbröseln.
Auch Käse, Joghurt oder Salate bekommen einen ganz besonderen Pfiff, wenn Sie die Nussmischung hacken und darüberstreuen.

Hausg'macht

INGWERWASSER, GEWÜRZINGWERTEE UND EINGELEGTER INGWER

Zutaten für 1 l kaltes oder heißes Ingwerwasser

10–20 Scheiben Ingwer (mit Schale)
1 l kaltes (z. B. Mineralwasser) oder kochendes Wasser

Zutaten für 1 l Gewürzingwertee

5 grüne Kardamomkapseln
1 ausgekratzte Vanilleschote
1 Zimtsplitter · 2 Zacken Sternanis
1 Gewürznelke
1 l heißes Ingwerwasser (siehe oben)

Zutaten für ca. 450 ml eingelegten Ingwer

150 ml Apfelsaft
50 ml Apfelessig
200 g Ingwer (geschält, in dünnen Scheiben)
60 g Zucker · Salz

1 Für kaltes oder heißes Ingwerwasser den Ingwer mit 1 l kaltem oder kochendem Wasser übergießen. Heißes Ingwerwasser 10 bis 20 Minuten ziehen lassen, dann abseihen. Nach Belieben 2 Apfelspalten und 1 Orangenscheibe in ein Glas geben und mit Ingwerwasser aufgießen.

2 Für Gewürzingwertee Kardamom, Vanilleschote, Zimtsplitter, Sternanis sowie die Gewürznelke in das heiße Ingwerwasser (siehe Step 1) geben und 10 Minuten mitziehen lassen. Den Tee abseihen und in eine Thermoskanne füllen.

3 Für eingelegten Ingwer Apfelsaft, 50 ml Wasser, Essig, Ingwer, Zucker und 1 Prise Salz in einem Topf aufkochen. Noch heiß in saubere Twist-off-Gläser füllen und verschließen. Der Ingwer ist ungeöffnet bei kühler Zimmertemperatur mehrere Monate haltbar; nach dem Öffnen im Kühlschrank aufbewahren.

MEIN TIPP:

Sowohl das kalte als auch das heiße Ingwerwasser kann mit den Ingwerscheiben in einem Krug oder einer Thermoskanne aufbewahrt und den ganzen Tag über getrunken werden. Sollte die Schärfe des Ingwers zu dominant werden, einfach neues Wasser nachgießen. Zusätzlich kann das Ingwerwasser noch mit Orangen- und/oder Zitronensaft gemischt werden – dies ist auch zum Verdünnen von zu scharfem Tee möglich.

Limoncello

**Zutaten für 6 Flaschen
(à 250 ml Inhalt)**

*6 Bio-Zitronen
300 ml Alkohol (96 Vol.-%;
aus der Apotheke)
300 ml Korn (38 Vol.-%)
450 g Zucker*

1 Die Zitronen waschen, trocken reiben und die Schale mit dem Sparschäler dünn abschälen. Die Zitronenschalen in ein verschließbares Glasgefäß geben (z.B. ein Einmachglas mit Bügelverschluss) und mit Alkohol und Korn auffüllen. Gut verschlossen 10 Tage ziehen lassen.

2 Nach der Ziehdauer den Zucker mit 550 ml Wasser in einem Topf langsam aufkochen, bis sich der Zucker aufgelöst hat. Den Zuckersirup abkühlen lassen.

3 Den Alkohol durch ein feines Sieb in den Läuterzucker gießen. Den Limoncello in Flaschen füllen. Er ist mindestens 1 Jahr haltbar.

Mein Tipp:

Die für den Limoncello typische gelbe Trübfärbung entsteht, wenn der mit Zitronenschalen aromatisierte Alkohol mit dem Zuckersirup gemischt wird. Nach einigen Wochen lässt diese jedoch nach, bis der Limoncello schließlich vollkommen klar ist. Aroma und Geschmack bleiben jedoch voll erhalten. Der Likör eignet sich zum Verfeinern von Süßspeisen und Gebäck. Zum Trinken wird er klassischerweise eiskalt serviert.

Vorspeisen & Suppen

TELLERSÜLZE VOM HUHN MIT MIXED PICKLES UND ZITRONENDIP

Zutaten für 4 Personen

Für die Tellersülze:
1 braunschalige Zwiebel
100 g Knollensellerie
2 Karotten
½ Stange Lauch (ca. 20 cm)
3 Hähnchenkeulen (ca. 250 g)
1–2 Lorbeerblätter
1 TL schwarze Pfefferkörner
je ½ TL Wacholderbeeren und Pimentkörner
1 Knoblauchzehe (in Scheiben)
3 Scheiben Ingwer
3 Stiele Petersilie (gewaschen)
2–3 Zweige Thymian (gewaschen)
2 Streifen Bio-Zitronenschale
6 Blatt Gelatine
2–3 EL Apfelessig
Salz · Zucker

Für den Spargel:
4 Stangen grüner Spargel
Salz · 1 EL Olivenöl
Chilisalz · Zucker
Pfeffer aus der Mühle

Für den Zitronendip:
150 g Rahmjoghurt (10 % Fett)
1–2 TL Zitronensaft · abgeriebene Schale von ½ Bio-Zitrone
Salz · Pfeffer aus der Mühle

Außerdem:
200 g Mixed Pickles (abgetropft; siehe S. 15)
frisch geriebene Muskatnuss
einige Dillspitzen zum Garnieren

1 Für die Tellersülze die Zwiebel waschen und mit der Schale quer halbieren. Den Sellerie und die Karotten putzen und schälen. Den Lauch putzen, längs halbieren und waschen.

2 Die Hähnchenkeulen waschen, trocken tupfen und in einen großen Topf legen. Zwiebelhälften, Sellerie, Karotten und Lauch dazugeben und mit 2 ½ l Wasser bedecken. Lorbeerblätter, Pfefferkörner, Wacholderbeeren und Pimentkörner hinzufügen, alles einmal aufkochen und das Fleisch knapp unter dem Siedepunkt 1 Stunde gar ziehen lassen.

3 Kurz vor Ende der Garzeit Knoblauch, Ingwer, Petersilie, Thymian und Zitronenschale hinzufügen und einige Minuten mitziehen lassen. Die Hähnchenkeulen aus dem Topf nehmen und die Haut entfernen. Das Fleisch von den Knochen lösen und in kleine Stücke zerteilen. Das Gemüse herausnehmen, Zwiebelhälften und Lauch entfernen, Karotten und Sellerie anderweitig verwenden (z.B. als Suppeneinlage).

4 Die Brühe durch ein mit einem Küchentuch ausgelegtes Sieb gießen und entfetten, dafür das oben schwimmende Fett mit einem Schöpflöffel abnehmen. Für die Sülze ½ l Brühe abmessen, die restliche Brühe anderweitig verwenden.

5 Die Gelatine in kaltem Wasser einweichen. Die abgemessene Hühnerbrühe mit Essig sowie je 1 Prise Salz und Zucker abschmecken und in einem Topf erhitzen. Die Gelatine leicht ausdrücken und in der Brühe unter Rühren auflösen. Gegebenenfalls nochmals nachwürzen. Die Brühe in tiefe Teller verteilen, vorsichtig in den Kühlschrank stellen und etwa 30 Minuten fest werden lassen.

6 Inzwischen den Spargel waschen und im unteren Drittel schälen, holzige Enden entfernen. Die Spargelstangen längs halbieren und die Hälften schräg dritteln. Die Spargelstücke in kochendem Salzwasser 4 bis 5 Minuten bissfest garen, abgießen und abtropfen lassen. Das Olivenöl in einer Pfanne erhitzen und den Spargel darin bei milder Hitze erwärmen, mit je 1 Prise Chilisalz, Zucker und Pfeffer würzen.

7 Für den Zitronendip den Joghurt mit dem Zitronensaft glatt rühren und mit Zitronenschale, Salz und Pfeffer würzen.

8 Das abgekühlte Hähnchenfleisch mit den Mixed Pickles und Spargelstücken auf der Tellersülze verteilen. Je 4 TL Zitronendip daraufgeben, etwas Muskatnuss darüberreiben und mit Dillspitzen garnieren.

Vorspeisen & Suppen

GERÄUCHERTE GÄNSEBRUST MIT MARINIERTEM SELLERIE

Zutaten für 4 Personen
Für den Selleriesalat:
400 g Knollensellerie
Salz · 150 g saure Sahne
1 Spritzer Zitronensaft
mildes Chilipulver
Zucker

Für den Feldsalat:
2 Handvoll Feldsalat
1 EL Aceto balsamico
½ TL scharfer Senf
40 ml Gemüsebrühe
1 EL mildes Olivenöl
Salz · Pfeffer aus der Mühle
Zucker

Außerdem:
1 große geräucherte Gänsebrust (ca. 300 g)
1 EL Granatapfelkerne

1 Für den Selleriesalat den Sellerie putzen, schälen und mit dem Gemüsehobel oder einem großen Messer in feine Streifen hobeln oder schneiden.

2 Die Selleriestreifen in kochendem Salzwasser 1 bis 2 Minuten leicht bissfest garen. In ein Sieb abgießen, kalt abschrecken und abtropfen lassen.

3 Für die Marinade die saure Sahne mit dem Zitronensaft, je 1 Prise Salz, Chilipulver und Zucker herzhaft abschmecken und die Selleriestreifen damit marinieren.

4 Für den Feldsalat den Feldsalat verlesen, waschen und trocken schleudern. Den Essig mit dem Senf und der Brühe in einen hohen Rührbecher geben und das Olivenöl mit dem Stabmixer unterrühren. Mit Salz, Pfeffer und 1 Prise Zucker würzen.

5 Den Selleriesalat mithilfe eines Metallrings (6 bis 8 cm Durchmesser) kreisförmig auf kleinen Tellern anrichten. Den Feldsalat mit dem Dressing mischen und mittig auf den Selleriesalat setzen. Die Gänsebrust in dünne Scheiben schneiden und darum herum anrichten. Mit den Granatapfelkernen bestreuen und nach Belieben noch etwas Pfeffer aus der Mühle darübermahlen (Rezeptfoto siehe S. 20/21).

MEIN TIPP:
Für etwas mehr Biss können Sie den Salat nach Belieben noch mit einigen grob gehackten Walnusskernen bestreuen.

Salat in Kräuterrahmdressing mit gebratenen Obatzdnknödeln

1 Für die Obatzdnknödel die Brötchen in ½ bis 1 cm große Würfel schneiden. Beide Käsesorten in kleine Würfel schneiden. Die Milch aufkochen, den Käse hineingeben und mit dem Stabmixer pürieren. Den Quark und die Eier dazugeben und untermixen. Mit Salz, Pfeffer, 1 Prise Muskatnuss sowie dem Paprikapulver, Kurkuma, Kümmel, Majoran, Knoblauch und Ingwer würzen. Die Masse vorsichtig unter die Brotwürfel heben und 5 Minuten ziehen lassen.

2 Die Zwiebel schälen, in feine Würfel schneiden und in einer Pfanne in 80 ml Wasser weich dünsten, bis die Flüssigkeit verdampft ist. Mit der Petersilie unter die Brötchenmasse mischen.

3 Zwei Blatt Alufolie jeweils mit Frischhaltefolie belegen und die Knödelmasse darauf zu länglichen Rollen (etwa 5 cm Durchmesser) formen. In die Frischhaltefolie einrollen, dann in die Alufolie wickeln. Die Enden der Alufolie etwas andrücken und bonbonartig eindrehen. In einem großen Topf reichlich Wasser erhitzen und die Knödelrollen darin knapp unter dem Siedepunkt etwa 30 Minuten garen.

4 Inzwischen für das Kräuterrahmdressing die Brühe mit Salz, Zucker, Knoblauch und Ingwer erhitzen. Vom Herd nehmen, abkühlen lassen und in einen hohen Rührbecher gießen. Den Joghurt, die saure Sahne, den Senf, beide Essigsorten und den Sherry dazugeben und mit Chilipulver würzen. Nach und nach das Öl, das Olivenöl und das Walnussöl mit dem Stabmixer unterrühren. Die Kräuter hineingeben und das Dressing gegebenenfalls etwas nachwürzen.

5 Für den Salat den Kopfsalat putzen, waschen, trocken schleudern und in mundgerechte Stücke zupfen. Den Spargel waschen, im unteren Drittel schälen, holzige Enden entfernen und die Stangen schräg in ½ cm dicke Scheiben schneiden. In Salzwasser 3 bis 4 Minuten bissfest garen, abgießen, kalt abschrecken und abtropfen lassen.

6 Die Karotte putzen und schälen. Den Fenchel putzen und waschen. Beide Gemüse mit dem Gemüsehobel oder einem großen Messer in feine Streifen hobeln oder schneiden. Die Birne waschen, vierteln, entkernen und in ½ cm breite Stücke schneiden. Alle Salatzutaten in einer Schüssel mischen.

7 Die Knödelrollen aus dem Wasser heben, kurz abkühlen lassen, aus den Folien wickeln und in Scheiben schneiden. Die braune Butter in einer großen Pfanne erhitzen und die Knödelscheiben darin auf beiden Seiten leicht anbraten. Den Salat mit dem Dressing mischen, auf Teller verteilen und die Obatzdnknödelscheiben daneben anrichten.

Zutaten für 4 Personen

Für die Obatzdnknödel:
250 g Brötchen (vom Vortag)
100 g Camembert
50 g kräftiger Weichkäse (z. B. Limburger) · 100 ml Milch
50 g Magerquark · 2 Eier
Salz · Pfeffer aus der Mühle
frisch geriebene Muskatnuss
2 TL Paprikapulver (edelsüß)
¼ TL gemahlene Kurkuma
je 1 TL gemahlener Kümmel, getrockneter Majoran, geriebener Knoblauch und Ingwer · ½ Zwiebel
1 EL Petersilienblätter (frisch geschnitten) · 1–2 EL braune Butter (siehe Tipp S. 30)

Für das Kräuterrahmdressing:
50 ml Gemüsebrühe
je 1 TL Salz und Zucker
1 halbierte Knoblauchzehe
1 Scheibe Ingwer
je 50 g Naturjoghurt und saure Sahne · 1 TL scharfer Senf
1–2 EL Rotweinessig
1 TL Balsamico bianco
1 TL halbtrockener Sherry
1 Msp. mildes Chilipulver
je 50 ml Öl und mildes Olivenöl
1 TL Walnussöl
2 EL Kräuterblätter (z. B. Basilikum, Dill, Kerbel, Minze, Petersilie, Schnittlauch; frisch geschnitten)

Für den Salat:
1 Kopfsalat · 4 Stangen grüner Spargel · Salz · 1 Karotte
¼ Fenchelknolle · 1 Birne

Brezensalat mit Schafskäse und Oliven

Zutaten für 4 Personen
80 ml Gemüsebrühe
1–2 EL Rotweinessig
1 TL scharfer Senf
60 ml mildes Olivenöl
Salz · Pfeffer aus der Mühle
mildes Chilipulver
Zucker
¼ Salatgurke
1 rote Zwiebel
1 rote Paprikaschote
100 g Cocktailtomaten
200 g Romanasalat
400 g Schafskäse (Feta)
2 Brezenstangen (Laugenstangen)
1 EL Butter
Chilisalz
1–2 EL gemischte Kräuterblätter
(z. B. Basilikum, Dill, Petersilie; frisch geschnitten)
60 g Kalamata-Oliven (entsteint)
1 EL Kapern

1 Die Brühe mit Essig und Senf in einen hohen Rührbecher geben, das Olivenöl nach und nach mit dem Stabmixer unterrühren und mit Salz, Pfeffer und je 1 Prise Chilipulver und Zucker würzen.

2 Die Gurke waschen und längs halbieren. Die Kerne mit einem Löffel entfernen und die Gurkenhälften in Rauten schneiden. Die Zwiebel schälen und in dünne Spalten schneiden. Die Paprikaschote längs halbieren, entkernen, waschen und in Rauten schneiden. Die Tomaten waschen und halbieren. Den Romanasalat putzen, waschen, trocken schleudern und in mundgerechte Stücke zupfen.

3 Den Backofen auf 100 °C vorheizen. Den Schafskäse in Dreiecke (2 bis 3 cm Kantenlänge) schneiden, auf ein mit Backpapier belegtes Backblech legen und im Ofen auf der mittleren Schiene etwa 10 Minuten erwärmen. Mit Chilisalz würzen.

4 Von den Brezenstangen das Salz entfernen und die Stangen in dünne Scheiben schneiden. Die Butter in einer Pfanne erhitzen und die Scheiben darin auf beiden Seiten goldbraun braten. Herausnehmen, auf Küchenpapier abtropfen lassen und mit Chilisalz würzen.

5 Die Salatblätter mit den Kräutern, Gurke, Zwiebel, Paprika und Tomaten in eine Schüssel geben, das Dressing untermischen und den Salat auf Teller verteilen. Die Käseecken auf dem Salat anrichten und die Brezenscheiben dazwischenstecken. Die Oliven und die Kapern darüberstreuen.

Mein Tipp:
Fetakäse wird aus Schafs- oder Ziegenmilch hergestellt. Er kann in diesem Rezept aber nach Belieben auch durch einen Salzlakenkäse aus Kuhmilch ersetzt werden.

Vorspeisen & Suppen

MARINIERTE ROTE BETE MIT GEBACKENEM KARPFEN

Zutaten für 4 Personen

Für die Rote Bete:
500 g Rote Beten · 1 EL Salz
1 TL ganzer Kümmel
300 ml Gemüsebrühe
1–2 TL Speisestärke
2 halbierte Knoblauchzehen
4 Scheiben Ingwer
gemahlener Kümmel und Koriander
3 EL Rotweinessig
2 EL mildes Salatöl
Salz · Pfeffer aus der Mühle
Zucker · ½ Zwiebel

Für den Karpfen:
100 g Mehl
75 ml eiskalter Weißwein
1 EL Öl · mildes Chilisalz
400 g Karpfenfilet
Öl zum Frittieren

Für die Sauce:
80 g Frischkäse
100 g saure Sahne
100 g Naturjoghurt
1 EL Tafelmeerrettich (aus dem Glas)
1–2 TL Dillspitzen (frisch geschnitten)
1 Msp. abgeriebene Bio-Zitronenschale
mildes Chilisalz · Zucker

1 Für die Rote Bete die Roten Beten in einen Topf legen, mit Wasser bedecken, das Salz und den Kümmel hinzufügen und etwa 1 Stunde weich köcheln. Die Roten Beten etwas abkühlen lassen und schälen.

2 Für die Marinade die Brühe in einem kleinen Topf aufkochen, die Speisestärke mit wenig kaltem Wasser glatt rühren und in die Brühe rühren. Etwa 2 Minuten leicht köcheln lassen, vom Herd nehmen, Knoblauch und Ingwer hinzufügen, mit je 1 Prise Kümmel und Koriander würzen und 5 bis 10 Minuten ziehen lassen. Den Essig und das Öl unterrühren und mit Salz, Pfeffer und Zucker kräftig würzen.

3 Die Roten Beten in 2 bis 3 mm dicke Scheiben schneiden. Die Zwiebelhälfte schälen und in breite Spalten schneiden. Rote-Bete-Scheiben und Zwiebelspalten in eine Auflaufform geben, vorsichtig mit der Marinade mischen und mindestens 1 Stunde, besser über Nacht, durchziehen lassen.

4 Für den Karpfen das Mehl mit 120 ml eiskaltem Wasser, dem Wein und dem Öl verrühren und mit Chilisalz würzen. Das Karpfenfilet waschen, trocken tupfen und in etwa 2 cm breite und 6 bis 7 cm lange Stücke schneiden, dabei möglichst viele Gräten entfernen.

5 Reichlich Öl in der Fritteuse oder einem Topf auf 170 °C erhitzen – es ist heiß genug, wenn sich an einem hineingehaltenen Holzlöffelstiel Blasen bilden. Die Karpfenstücke mit Chilisalz würzen, durch den Teig ziehen und im Öl 3 bis 4 Minuten frittieren. Mit dem Schaumlöffel herausheben, auf Küchenpapier abtropfen lassen und mit Chilisalz nachwürzen.

6 Für die Sauce den Frischkäse mit der sauren Sahne und dem Joghurt glatt rühren. Den Meerrettich mit dem Dill und der Zitronenschale unterrühren und mit Chilisalz und 1 Prise Zucker würzen.

7 Die Rote-Bete-Scheiben aus der Marinade nehmen und leicht überlappend auf flachen Tellern anrichten. Die Sauce über die Scheiben träufeln und die gebackenen Fischstücke in der Mitte anrichten.

MEIN TIPP:

Rote Beten nehmen beim Durchziehen viel Geschmack auf und sollten deshalb vor dem Servieren noch einmal nachgewürzt werden. Am besten schmecken sie, wenn sie leicht angewärmt werden.

Eingelegter Bonifaz mit Radieserln und Schalotten

1 Den Bonifaz in ½ cm dicke und etwa 4 cm lange Scheiben schneiden und dachziegelartig in eine Auflaufform oder eine andere tiefe Form legen.

2 Für die Marinade die Schalotten schälen und in dünne Scheiben schneiden. In einem Topf 1 EL Olivenöl erhitzen, die Schalotten darin glasig dünsten und mit der Brühe ablöschen. Den Essig und das restliche Olivenöl untermischen, mit Salz und 1 Prise Zucker würzen, die Zitronenschale dazugeben und die Marinade etwas abkühlen lassen.

3 Die Peperoni entkernen, waschen, in Streifen schneiden und in die Marinade geben. Die Marinade über die Käsestücke gießen und mindestens 30 Minuten marinieren.

4 Kurz vor dem Servieren die Radieschen putzen, waschen, in Scheiben schneiden und über den marinierten Käse streuen. Mit Kerbelblättern garnieren und etwas Pfeffer darübermahlen.

Zutaten für 4 Personen

400 g Bonifaz natur (ersatzweise Brie oder Camembert; nicht zu reif)
2 Schalotten
3–4 EL Olivenöl
400 ml Gemüsebrühe
2–3 EL Weißweinessig
Salz · Zucker
2 Streifen Bio-Zitronenschale
½ rote Peperoni
4 Radieschen
4 Kerbelblätter zum Garnieren
Pfeffer aus der Mühle

Mein Tipp:

Bonifaz eignet sich für dieses Rezept besonders gut, da er viel »Teig« und wenig »Rinde« hat. Er kann jedoch auch durch Brie oder Camembert ersetzt werden. Wichtig ist in jedem Fall, dass die Käsesorten nicht allzu reif sind, sodass der Käseteig kompakt ist und bei Zimmertemperatur nicht zu fließen beginnt.

Räucherforellenaufstrich mit Kartoffeln

Zutaten für 4 Personen

400 g vorwiegend festkochende Kartoffeln · Salz
½ TL ganzer Kümmel
1 Zwiebel
2 EL Butter
je ½ TL Korianderkörner, ganzer Kümmel und schwarze Pfefferkörner
1 Räucherforellenfilet (ca. 100 g)
200 g saure Sahne
40 g braune Butter (siehe Tipp unten)
Räucherpaprikapulver (z. B. Piment La Vera picante)
getrockneter Majoran
frisch geriebene Muskatnuss
1 EL Dillspitzen (frisch geschnitten)

1 Die Kartoffeln gründlich waschen und mit der Schale in Salzwasser mit dem Kümmel weich garen. Die Kartoffeln abgießen, ausdampfen lassen und möglichst heiß pellen. Noch warm durch die Kartoffelpresse drücken.

2 Die Zwiebel schälen und in feine Würfel schneiden. Die Butter in einer Pfanne erhitzen und die Zwiebel darin bei milder Hitze hellbraun dünsten.

3 Korianderkörner, Kümmel und Pfefferkörner in eine Gewürzmühle füllen. Das Forellenfilet von der Haut lösen, möglichst viele Gräten entfernen und das Filet in kleine Würfel schneiden.

4 Die Kartoffelmasse mit der Zwiebel und der sauren Sahne verrühren. Die Forellenfiletwürfel und die braune Butter hinzufügen. Mit je 1 Prise Salz, Räucherpaprikapulver, Majoran, Muskatnuss und den Gewürzen aus der Mühle würzen. Zum Schluss den Dill unterrühren.

Mein Tipp:

Braune Butter hat ein schönes nussiges Aroma und verfeinert viele Gerichte: Für etwa 200 g braune Butter 250 g Butter in einem Topf bei milder Hitze zerlassen. Dann etwa 10 Minuten köcheln lassen, bis sie goldbraun ist. Die Butter durch ein mit einem Küchenpapier ausgelegtes Sieb gießen und in einer Schüssel auffangen. Die braune Butter abkühlen lassen und in ein gut verschließbares Glas füllen. So hält sie im Kühlschrank mindestens 8 Wochen.

Bratkartoffelomelett mit Pilzen und Käse

1 Die Kartoffeln gründlich waschen und mit der Schale in Salzwasser mit dem Kümmel weich garen. Abgießen, ausdampfen lassen, möglichst heiß pellen und abkühlen lassen. Die Kartoffeln in etwa ½ cm dicke Scheiben schneiden.

2 Die Frühlingszwiebeln putzen, waschen und in Scheiben schneiden. Die Champignons putzen, falls nötig, mit Küchenpapier trocken abreiben und in etwa ½ cm dicke Scheiben schneiden. Die Paprikaschote entkernen und waschen. Mit dem Sparschäler schälen und in kleine Würfel schneiden. Den Käse grob reiben.

3 Die braune Butter in einer Pfanne erhitzen und die Kartoffelscheiben darin auf beiden Seiten goldbraun braten. Die Paprikawürfel dazugeben und einige Minuten mitbraten. Frühlingszwiebeln und Champignons unterrühren und kurz erhitzen. Die Kräuter und das Bratkartoffelgewürz untermischen.

4 Die Eier mit der Milch und der Chilipaste verquirlen und mit Salz würzen. Den Käse über die Kartoffeln streuen, die Eiermischung dazugießen und mit geschlossenem Deckel bei milder Hitze etwa 8 Minuten durchgaren. Das Bratkartoffelomelett in Stücke schneiden und auf vorgewärmten Tellern anrichten.

Zutaten für 4 Personen

400 g festkochende Kartoffeln
Salz · ½ TL ganzer Kümmel
4 Frühlingszwiebeln
60 g Champignons
½ rote Paprikaschote
70 g Bergkäse
1 EL braune Butter
(siehe Tipp links)
2 EL gemischte Kräuterblätter
(z. B. Dill, Kerbel, Liebstöckel, Petersilie; frisch geschnitten)
1 EL Bratkartoffelgewürz (ersatzweise je 1 Prise gemahlener Kümmel, Koriander, getrockneter Majoran und geriebene Muskatnuss)
5 Eier
150 ml Milch
1 TL Chilipaste (siehe S. 11)

Mein Tipp:

Das Omelett bereitet man am besten in einer beschichteten Pfanne zu, so braucht man nur wenig Fett und das fertige Omelett löst sich leicht vom Pfannenboden. Um die Beschichtung zu schonen, lässt man das Omelett zum Schluss aus der Pfanne auf ein Schneidebrett gleiten und teilt es dort mit einem Messer in Stücke.

RINDERTATAR MIT BRATKARTOFFELN UND SCHNITTLAUCH-KORIANDER-SAUCE

Zutaten für 4 Personen

Für die Bratkartoffeln:

300 g festkochende Kartoffeln
Salz · ganzer Kümmel
1–2 TL braune Butter (siehe Tipp S. 30) · mildes Chilisalz
Pfeffer aus der Mühle · getrockneter Majoran · 2 Frühlingszwiebeln
1–2 TL Petersilienblätter (frisch geschnitten)

Für das Rindertatar:

500 g mageres Rindfleisch (aus der Oberschale) · 1 Schalotte
3 Sardellenfilets (in Öl)
1 kleine Essiggurke
2 TL Tomatenketchup
1 TL Dijon-Senf
1 TL gemahlene Kurkuma
milde Chiliflocken
1 Msp. Paprikapulver (edelsüß)
mildes Chilisalz · Zucker
2 EL mildes Olivenöl
1 Spritzer Sherry

Für die Schnittlauch-Koriander-Sauce:

½ TL Korianderkörner
100 g saure Sahne
1 EL Schnittlauchröllchen
1 Msp. abgeriebene Bio-Zitronenschale
mildes Chilisalz · Zucker

Außerdem:

2 EL Knabber-Nussmischung (siehe S. 17) · Kräuterblätter zum Garnieren (z. B. Basilikum, Dill, Petersilie, Sellerieblätter)

1 Für die Bratkartoffeln die Kartoffeln gründlich waschen und mit der Schale in Salzwasser mit ½ TL Kümmel weich garen. Die Kartoffeln abgießen, ausdampfen lassen, möglichst heiß pellen und abkühlen lassen.

2 Inzwischen für das Rindertatar das Rindfleisch in feine Würfel schneiden oder durch den Fleischwolf drehen. Die Schalotte schälen und in feine Würfel schneiden. Die Sardellenfilets trocken tupfen und mit der Essiggurke in feine Würfel schneiden.

3 Das Fleisch mit Schalotte, Sardellen, Essiggurke, Ketchup, Senf, Kurkuma, 2 Prisen Chiliflocken und Paprikapulver mischen. Mit Chilisalz sowie 1 Prise Zucker würzen und das Olivenöl untermischen.

4 Die Kartoffeln in etwa 1 cm große Würfel schneiden. Die braune Butter in einer Pfanne erhitzen und die Kartoffelwürfel darin bei mittlerer Hitze rundum goldbraun anbraten. Mit Chilisalz, Pfeffer und je 1 Prise Kümmel und Majoran würzen. Die Frühlingszwiebeln putzen, waschen, in feine Ringe schneiden und mit der Petersilie unter die Bratkartoffeln mischen.

5 Für die Schnittlauch-Koriander-Sauce die Korianderkörner in einer Pfanne ohne Fett bei mittlerer Hitze anrösten und in eine Gewürzmühle füllen. Die saure Sahne mit dem Koriander aus der Mühle, dem Schnittlauch und der Zitronenschale verrühren. Mit 1 Prise Chilisalz und Zucker abschmecken.

6 Die Knabber-Nussmischung grob hacken. Kurz vor dem Servieren den Sherry unter das Tatar mischen. Einen Metallring (7 bis 8 cm Durchmesser) mittig auf einen Teller setzen. Das Tatar nochmals abschmecken, ein Viertel davon in den Ring füllen, glatt streichen und den Ring abziehen. Das restliche Tatar ebenso auf Tellern anrichten. Mit den Nüssen und den Kräuterblättern garnieren. Die Schnittlauch-Koriander-Sauce und die Bratkartoffeln darum herum verteilen.

MEIN TIPP:

Anstelle der Knabber-Nussmischung kann man auch gut geröstete, gesalzene Erdnüsse als Topping für das Tatar verwenden.

LAUWARME TAFELSPITZSCHEIBEN MIT KÜRBISMARINADE

Zutaten für 4 Personen

Für den Tafelspitz:
1 EL braune Butter
(siehe Tipp S. 30)
750 g Tafelspitz · Salz
1 braunschalige Zwiebel
100 g Knollensellerie
1 Karotte
½ Stange Lauch
1 Stiel Petersilie
¼ TL schwarze Pfefferkörner
2 Wacholderbeeren
½ Lorbeerblatt

Für die Kürbismarinade:
1 Handvoll gemischte kleine
Salatblättchen (z. B. Feldsalat,
Friséesalat, Kopfsalat, Rucola)
1 Handvoll gemischte Kräuterblätter
(z. B. Basilikum, Dill, Kerbel,
Sellerie)
2 EL Kürbiskerne
mildes Chilisalz
100 g eingelegte Kürbiswürfel
(siehe S. 14)
⅛ l Kürbis-Einlegesud
Fleur de Sel
Pfeffer aus der Mühle
2 EL Kürbiskernöl (ersatzweise
Olivenöl)
1 TL Olivenöl

1 Für den Tafelspitz die braune Butter in einer großen Pfanne erhitzen und den Tafelspitz darin bei mittlerer Hitze rundum anbraten. Den Tafelspitz in einen großen Topf geben und etwa 1½ l Wasser angießen, sodass das Fleisch gut bedeckt ist. Etwas Salz dazugeben und den Tafelspitz bei milder Hitze knapp unter dem Siedepunkt 3 Stunden mehr ziehen als köcheln lassen, bis das Fleisch weich ist. Den dabei aufsteigenden Schaum abschöpfen.

2 Die Zwiebel waschen, ungeschält halbieren und die Schnittfläche in einer unbeschichteten Pfanne ohne Fett dunkel bräunen. Den Sellerie und die Karotte putzen und schälen, den Lauch putzen und waschen. Den Petersilienstiel waschen. Das Gemüse mit den Zwiebelhälften und der Petersilie nach 2 Stunden zur Brühe geben. Pfefferkörner, Wacholderbeeren und Lorbeerblatt etwa 30 Minuten vor Ende der Garzeit dazugeben.

3 Für die Kürbismarinade die Salat- und Kräuterblätter waschen und trocken schleudern. Die Kürbiskerne in einer Pfanne ohne Fett einige Minuten rösten und mit Chilisalz würzen.

4 Den Tafelspitz aus der Brühe nehmen, kurz ruhen lassen und quer zur Faser in dünne Scheiben schneiden. Auf vorgewärmte Teller verteilen, mit den Kürbiswürfeln bestreuen, etwa 110 ml Einlegesud darüberträufeln und mit Fleur de Sel und Pfeffer würzen. Dann mit dem Kürbiskernöl beträufeln und mit den Kürbiskernen bestreuen.

5 Die Salat- und Kräuterblätter mit dem restlichen Einlegesud und dem Olivenöl mischen und mit Chilisalz würzen. Den Tafelspitz mit den marinierten Salat- und Kräuterblättern garnieren.

MEIN TIPP:

Sie können natürlich auch ein großes Stück Tafelspitz (ca. 1½ kg) zubereiten und die Hälfte des Fleischs mit gegartem Wurzelgemüse und frisch geriebenem Meerrettich in etwas Rindssuppe servieren. Dazu passen diverse feine Einlagen, wie z. B. Markklößchen, Grieß- oder Brätnockerl und Pfannkuchenstreifen.

Gemüsetarte mit Chilisalami

1 Für den Mürbeteig das Mehl mit 1 Prise Salz, der Butter, dem Essig und 70 ml kaltem Wasser in einer Schüssel mit den Knethaken des Handrührgeräts zu einem glatten Teig verarbeiten. Den Mürbeteig zu einem flachen Ziegel formen, in Frischhaltefolie wickeln und im Kühlschrank 1 Stunde ruhen lassen.

2 Eine Tarteform (28 cm Durchmesser) mit Butter einfetten. Den Teig auf der bemehlten Arbeitsfläche etwas größer als die Form dünn ausrollen und die Form damit auslegen, überstehende Enden abschneiden. Den Teigboden mit einer Gabel mehrmals einstechen und 30 Minuten in den Kühlschrank stellen.

3 Inzwischen für die Füllung das Gemüse putzen, schälen bzw. waschen und klein schneiden. In Salzwasser nacheinander bissfest garen, abgießen, kalt abschrecken und abtropfen lassen. In einer Schüssel mischen und mit Chilisalz würzen.

4 Den Backofen auf 200 °C vorheizen. Die Salami klein schneiden. Den Frischkäse, die Milch, die Eier und das Eigelb in einen hohen Rührbecher geben und mit dem Stabmixer verrühren. Den Käse und die Kräuter untermischen und alles mit Salz, Pfeffer sowie dem Bohnenkraut und je 1 Prise Chilipulver und Muskatnuss würzen.

5 Den Mürbeteig mit Backpapier belegen, mit Hülsenfrüchten auffüllen und im Ofen auf der mittleren Schiene 10 Minuten blindbacken. Das Backpapier mit den Hülsenfrüchten entfernen und den Teigboden weitere 15 Minuten backen. Den Boden mit Eiweiß bestreichen und 1 bis 2 Minuten weiterbacken.

6 Das Gemüse auf dem vorgebackenen Boden verteilen, die Salami darüberstreuen und den Guss darübergießen. Die Tarte im Ofen auf der mittleren Schiene 30 Minuten backen. Die Tarte aus dem Ofen nehmen und etwas abkühlen lassen. Lauwarm in Stücke schneiden und servieren.

Zutaten für 4 Personen

Für den Mürbeteig:
220 g Mehl · Salz
90 g kalte Butter
1 EL Weißweinessig
Butter für die Form
Mehl für die Arbeitsfläche
getrocknete Hülsenfrüchte
zum Blindbacken
1 Eiweiß

Für die Füllung:
450 g Gartengemüse (je nach Saison; z. B. Erbsen, Frühlingszwiebeln, Karotten, Kohlrabi, Paprikaschoten, Zwiebeln) · Salz
mildes Chilisalz
80 g scharfe Salami
150 g Frischkäse
150 ml Milch
3 Eier · 1 Eigelb
80 g geriebener Käse (z. B. Emmentaler oder Bergkäse)
2 EL gemischte Kräuterblätter
(z. B. Dill, Kerbel, Petersilie; frisch geschnitten)
Pfeffer aus der Mühle
½ TL getrocknetes Bohnenkraut
mildes Chilipulver
frisch geriebene Muskatnuss

Mein Tipp:

Dazu passt ein Zitronen-Joghurt-Dip. Dafür 200 g Rahmjoghurt (10 % Fett) mit 1 Spritzer Zitronensaft, der abgeriebenen Schale von 1 Bio-Zitrone und 1 Msp. Dijon-Senf verrühren, mit Chilisalz und 1 Prise Zucker würzen. Nach Belieben noch Schnittlauchröllchen unterrühren.

Vorspeisen & Suppen

FOLIENKARTOFFELN MIT PIKANTEM PAPRIKA-KRÄUTER-DIP

Zutaten für 4 Personen

Für die Folienkartoffeln:
8 Kartoffeln (à ca. 100 g)
1 EL grobes Meersalz
1 TL ganzer Kümmel

Für den Paprika-Kräuter-Dip:
3 Frühlingszwiebeln
1 kleine rote Paprikaschote
1 EL mildes Olivenöl
mildes Chilisalz
200 g Frischkäse (Zimmertemperatur)
150 g Speisequark (20 % Fett)
6 EL Milch
¼ TL Räucherpaprikapulver (z. B. Piment La Vera picante)
1 EL flüssige braune Butter (siehe Tipp S. 30)
½ – 1 TL Thymianblättchen (frisch geschnitten)
1 EL Petersilienblätter (frisch geschnitten)
Kräuterblätter zum Garnieren

1 Für die Folienkartoffeln den Backofen auf 200 °C vorheizen. Die Kartoffeln mit der Schale gründlich waschen und einzeln mit je etwas Meersalz und Kümmel in Alufolie wickeln. Im Ofen auf einem Backblech auf der mittleren Schiene 50 bis 60 Minuten durchgaren.

2 Inzwischen für den Paprika-Kräuter-Dip die Frühlingszwiebeln putzen, waschen und in dünne Ringe schneiden. Die Paprikaschote längs halbieren, entkernen, waschen und in kleine Würfel schneiden. Das Olivenöl in einer Pfanne erhitzen, die Paprikawürfel darin einige Minuten dünsten und mit Chilisalz würzen.

3 Den Frischkäse mit dem Quark und der Milch glatt rühren und das Räucherpaprikapulver untermischen. Die Frühlingszwiebeln, die Paprika, die braune Butter, den Thymian und die Petersilie hinzufügen und mit Chilisalz herzhaft abschmecken.

4 Die Kartoffeln aus dem Ofen nehmen, auf Teller verteilen, aufschneiden, den Paprika-Kräuter-Dip hineinfüllen und mit den Kräuterblättern garnieren.

MEIN TIPP:

Der Paprika-Kräuter-Dip eignet sich auch wunderbar als Brotaufstrich. Zur Dekoration nach Belieben dann noch etwas fein geschnittenes Frühlingszwiebelgrün darüberstreuen.

KRÄUTERRAHMSUPPE MIT ENTENLEBERPFLANZERLN

Zutaten für 4 Personen

Für die Entenleberpflanzerl:
150 g Entenleber
½ Zwiebel · 250 g Toastbrot
1 EL Öl · 1 Ei · 1 Eigelb
1 TL scharfer Senf
⅛ l Milch
1 Msp. abgeriebene Bio-Zitronenschale
1 EL Petersilienblätter (frisch geschnitten)
1 geriebene Knoblauchzehe
1 TL geriebener Ingwer
getrockneter Majoran · Salz
frisch geriebene Muskatnuss
80 g Weißbrotbrösel
2 EL Öl · 20 g Butter

Für die Kräuterrahmsuppe:
ca. 70 g mehligkochende Kartoffel
½ Zwiebel
1 l Hühnerbrühe
1 Lorbeerblatt
1 Knoblauchzehe (in Scheiben)
1 kleine rote getrocknete Chilischote
100 g junger Blattspinat · Salz
100 g gemischte Kräuterblätter (z. B. Basilikum, Dill, Estragon, Kerbel)
200 g Sahne · 30 g kalte Butter
mildes Chilisalz
1 Msp. abgeriebene Bio-Zitronenschale
frisch geriebene Muskatnuss

Für die Wachtelspiegeleier:
4 Wachteleier
½ TL Öl · Salz

1 Für die Entenleberpflanzerl die Leber putzen, waschen und in sehr feine Würfel schneiden oder durch die feine Scheibe des Fleischwolfs drehen. Die Zwiebel schälen und in feine Würfel schneiden. Das Toastbrot in ½ bis 1 cm große Würfel schneiden.

2 Das Öl in einer Pfanne erhitzen und die Zwiebelwürfel darin bei milder Hitze glasig dünsten. Das Ei mit dem Eigelb und dem Senf in einer Schüssel verquirlen. Die Milch in einem Topf erhitzen, vom Herd nehmen und unter die Eiermischung rühren. Die Toastbrotwürfel vorsichtig unterheben. Leber, Zwiebel, Zitronenschale und Petersilie untermischen. Mit Knoblauch, Ingwer, 1 Prise Majoran, Salz und Muskatnuss würzen. Die Masse mindestens 20 Minuten ziehen lassen.

3 Für die Kräuterrahmsuppe die Kartoffel schälen, waschen und in etwa ½ cm große Würfel schneiden. Die Zwiebel schälen und in feine Würfel schneiden. Die Kartoffel- und die Zwiebelwürfel mit der Brühe, dem Lorbeerblatt, dem Knoblauch und der Chilischote in einen Topf geben und etwa 15 Minuten weich garen. Die Chilischote und das Lorbeerblatt wieder entfernen und die Kartoffel-Zwiebel-Mischung mit dem Stabmixer pürieren.

4 Die Spinatblätter verlesen, waschen und in Salzwasser 1 bis 2 Minuten blanchieren. In ein Sieb abgießen, kalt abschrecken und abtropfen lassen. Den Spinat mit den Händen ausdrücken und klein schneiden. Mit den Kräuterblättern in die Suppe geben und pürieren. Die Sahne unterrühren und erhitzen, dann die kalte Butter untermixen und die Suppe mit Chilisalz, Zitronenschale und Muskatnuss würzen.

5 Die Weißbrotbrösel auf einen Teller geben. Mit angefeuchteten Händen aus der Lebermasse kleine Pflanzerl formen und diese in den Bröseln wenden. Das Öl und die Butter in einer Pfanne erhitzen und die Pflanzerl darin bei mittlerer Hitze auf beiden Seiten goldbraun braten. Herausnehmen und auf Küchenpapier abtropfen lassen.

6 Für die Wachtelspiegeleier die Eier mit einem Sägemesser anritzen. Eine Pfanne bei mittlerer Temperatur erhitzen, das Öl mit einem Pinsel auf dem Pfannenboden verstreichen und mit etwas Salz bestreuen. Die Wachteleier hineinschlagen und bei milder Hitze langsam einige Minuten stocken lassen.

7 Die Kräuterrahmsuppe nochmals kurz mit dem Stabmixer aufmixen, auf vorgewärmte tiefe Teller verteilen und die Pflanzerl darin anrichten. Jeweils 1 Wachtelspiegelei daraufsetzen und nach Belieben mit Kräuterblättern garnieren.

LAUCH-ZITRONEN-SUPPE MIT KARTOFFELN UND SCHINKEN

Zutaten für 4 Personen

2 festkochende Kartoffeln
Salz · 1 Lorbeerblatt
2 halbierte Knoblauchzehen
1 kleine getrocknete rote Chilischote
2 Stangen Lauch (ca. 600 g)
80 g gekochter Hinterschinken
1 TL Puderzucker
80 ml Weißwein
40 g kalte Butter
1 l Hühnerbrühe
80 g Sahne
4 Streifen Bio-Zitronenschale
1 Scheibe Ingwer
1 Spritzer Zitronensaft
Pimentkörner aus der Mühle
mildes Chilipulver

1 Die Kartoffeln schälen, waschen und in ½ bis 1 cm große Würfel schneiden. Die Kartoffelwürfel in Salzwasser mit dem Lorbeerblatt, 1 Knoblauchzehe und der Chilischote weich garen. In ein Sieb abgießen und die Gewürze wieder entfernen.

2 Den Lauch putzen, längs halbieren, waschen, abtropfen lassen und quer in feine Streifen schneiden, dabei dunkelgrüne Blätter entfernen. Den Schinken in kleine Würfel schneiden.

3 Den Puderzucker in einer Pfanne bei milder Hitze hell karamellisieren, mit dem Wein ablöschen und auf ein Drittel einköcheln lassen.

4 In einem Topf 1 EL Butter erhitzen und die Lauchstreifen darin bei milder Hitze andünsten, mit der Brühe ablöschen und knapp unter dem Siedepunkt 15 Minuten mehr ziehen als köcheln lassen.

5 Etwa ein Viertel des Lauchs mit dem Schaumlöffel herausheben und für die Einlage beiseitestellen. Die Sahne zur Brühe gießen und alles mit dem Stabmixer pürieren. Die restliche Butter untermixen und die Zitronenschale, die übrige Knoblauchzehe und den Ingwer ein paar Minuten in der Suppe ziehen lassen und wieder entfernen.

6 Die beiseitegestellten Lauchstreifen zur Suppe geben, Kartoffel- und Schinkenwürfel unterrühren und mit der Weinreduktion, dem Zitronensaft, Salz, Piment und 1 Prise Chilipulver abschmecken.

MEIN TIPP:

Anstatt mit Schinken kann die Suppe auch mit Garnelen, Krabben oder Lachs variiert werden. Sehr gut passen knusprige Brotwürfel dazu.

Getrüffelte Selleriesuppe mit Gemüsechips

1 Den Sellerie putzen, schälen und in kleine Würfel schneiden. Die Kartoffel schälen, waschen und ebenfalls in kleine Würfel schneiden. Beides in der Brühe knapp unter dem Siedepunkt etwa 30 Minuten weich garen.

2 Die Sahne und die Butter hinzufügen und den Sellerie und die Kartoffel mit dem Stabmixer pürieren. Mit etwas Salz, 1 Prise Chilipulver und Muskatnuss abschmecken.

3 Die Trüffel mit einer kleinen Bürste unter fließendem kaltem Wasser säubern, abtropfen lassen, in feine Streifen schneiden und etwa 5 Minuten in der Suppe ziehen lassen.

4 Die getrüffelte Selleriesuppe auf vorgewärmte tiefe Teller verteilen und je einige Gemüsechips daraufstreuen.

Zutaten für 4 Personen

800 g Knollensellerie
1 mehligkochende Kartoffel
1,2 l Gemüsebrühe
125 g Sahne
30 g Butter
Salz
mildes Chilipulver
frisch geriebene Muskatnuss
10 g schwarze Trüffel
1–2 Handvoll Gemüsechips
(siehe S. 16)

Mein Tipp:

Die Oberfläche von Trüffeln ist mit vielen Furchen und Rillen durchzogen. Sie lassen sich am besten reinigen, indem sie unter fließendem kaltem Wasser mit einer kleinen Bürste, z. B. einer speziell dafür vorgesehenen festen Zahnbürste, abgebürstet werden. Zum Aufbewahren wickelt man sie in ein leicht befeuchtetes Küchenpapier und gibt sie in ein gut verschließbares Twist-off-Glas oder vakuumiert sie in einer Tüte. Dann bis zur Verwendung kühl lagern.

Vorspeisen & Suppen

KOHLRABISUPPE MIT PFIFFERLINGEN UND SPINATPESTO

Zutaten für 4 Personen

Für das Spinatpesto:
- 1 TL Mandeln
- 100 g Blattspinat
- 1 Bund Petersilie
- Salz
- 1 TL geriebener Parmesan
- 3 EL Olivenöl
- 30 g braune Butter (siehe Tipp S. 30)
- Pfeffer aus der Mühle
- 1 Spritzer Zitronensaft

Für die Suppe:
- 600 g Kohlrabi
- 800 ml Gemüsebrühe
- 200 g Sahne
- 30 g kalte Butter
- Salz
- frisch geriebene Muskatnuss
- mildes Chilipulver

Für die Einlage:
- 100 g kleine Pfifferlinge
- 1 EL braune Butter
- 20 g kalte Butter
- mildes Chilisalz

1 Für das Spinatpesto die Mandeln in einer Pfanne ohne Fett braun rösten und abkühlen lassen. Den Spinat verlesen, waschen und trocken schleudern, grobe Stiele entfernen. Die Petersilie waschen, trocken schleudern und die Blätter von den Stielen zupfen. Die Spinat- und Petersilienblätter nacheinander in kochendem Salzwasser kurz blanchieren, in ein Sieb abgießen, kalt abschrecken und abtropfen lassen. Mit den Händen das restliche Wasser gut herausdrücken.

2 Spinat und Petersilie grob zerkleinern und in den Blitzhacker geben. Den Parmesan, die Mandeln, das Olivenöl und die braune Butter hinzufügen. Mit Salz, Pfeffer und Zitronensaft würzen und zu einer feinkörnigen Paste mixen.

3 Für die Suppe den Kohlrabi putzen, schälen und in ½ bis 1 cm große Würfel schneiden. Die Kohlrabiwürfel in der Brühe knapp unter dem Siedepunkt etwa 20 Minuten weich garen. Ein Viertel der Kohlrabiwürfel mit dem Schaumlöffel aus der Brühe heben und für die Einlage beiseitestellen. Die Sahne zur Brühe gießen und alles mit dem Stabmixer pürieren. Die Butter untermixen und die Suppe mit Salz, Muskatnuss und 1 Prise Chilipulver abschmecken.

4 Für die Einlage die Pfifferlinge gründlich putzen (siehe Tipp). Die braune Butter in einer Pfanne erhitzen und die Pilze darin bei mittlerer Hitze 2 Minuten anbraten. Die beiseitegestellten Kohlrabiwürfel dazugeben, kurz erhitzen, die kalte Butter unterrühren und mit Chilisalz würzen.

5 Die Suppe nochmals kurz mit dem Stabmixer aufmixen und auf vorgewärmte tiefe Teller verteilen. Je etwas Kohlrabi-Pfifferling-Mischung mittig in die Suppe setzen und das Spinatpesto darum herumträufeln.

MEIN TIPP:

Eigentlich sollte man Pilze nicht mit Wasser waschen, denn sie saugen sich schnell voll und werden schwammig. Am besten säubert man Pilze mit einem feinen Pinsel, einer Bürste oder einem kleinen Messer. Pfifferlinge sind allerdings oft sehr staubig und trocken, dann ist es besser, sie in eine Schüssel mit kaltem Wasser zu geben, kurz zu waschen, gleich wieder herauszunehmen und zum Trocknen auf Küchentüchern auszubreiten.

Kokos-Curry-Suppe mit eingelegtem Kürbis

1 Vom Zitronengras die welken Außenblätter und die obere, trockene Hälfte entfernen, die untere Hälfte längs halbieren. Die Kaffir-Limettenblätter mehrmals einreißen. Die Brühe mit dem Kürbis-Einlegesud, dem Zitronengras und den Kaffir-Limettenblättern knapp unter dem Siedepunkt 5 bis 10 Minuten ziehen lassen.

2 Das Currypulver hineinrühren, die Kokosmilch hinzufügen und erhitzen. Die Brühe mit dem Stabmixer pürieren, durch ein feines Sieb gießen und wieder aufkochen.

3 Die Speisestärke mit wenig kaltem Wasser glatt rühren, in die köchelnde Suppe geben und weitere 1 bis 2 Minuten köcheln lassen. Den Knoblauch schälen, reiben und mit dem Ingwer, den Kürbisstücken und der Butter mit dem Stabmixer untermixen.

4 Die Kokos-Curry-Suppe mit Chilisalz abschmecken, auf vorgewärmte tiefe Teller verteilen und nach Belieben mit Korianderblättern garnieren.

Zutaten für 4 Personen
1 Stängel Zitronengras
4 Kaffir-Limettenblätter
800 ml Hühnerbrühe
3 EL Kürbis-Einlegesud
(siehe S. 14)
1 gestr. EL mildes Currypulver
200 ml Kokosmilch
1 EL Speisestärke
1 Knoblauchzehe
1 TL geriebener Ingwer
3 EL eingelegte Kürbiswürfel
(siehe S. 14)
20 g kalte Butter
mildes Chilisalz

Mein Tipp:

Nach Belieben können Sie als Einlage Fischfilets und Garnelen zubereiten. Dafür 300 g Fischfilet und geschälte Garnelen in etwa 1 ½ cm große Stücke schneiden, in 90 °C heißem Wasser 2 bis 3 Minuten ziehen lassen, in ein Sieb abgießen, abtropfen lassen und in der Suppe noch 1 bis 2 Minuten saftig durchziehen lassen.

Vorspeisen & Suppen

Bayerische Bouillabaisse mit Flusskrebsen

Zutaten für 4 Personen
Für den Fond:
1 Zanderkarkasse
8 Flusskrebse · Salz
1 Zwiebel
½ Karotte
1 Stange Staudensellerie
¼ Fenchelknolle
2 reife Tomaten
1 EL Öl
80 ml trockener Weißwein
ca. 1,2 l Gemüsebrühe
1 EL getrocknete Champignons
½ TL Fenchelsamen
2 Scheiben Ingwer
2 Knoblauchzehen (in Scheiben)
1 Zweig Thymian (gewaschen)

Für die Einlage:
1 kleine Karotte
1 kleine Stange Staudensellerie
¼ Fenchelknolle
1 kleine weiße Zwiebel
1 TL braune Butter
(siehe Tipp S. 30)
10 Safranfäden
400 g gemischte Süßwasserfischfilets (z. B. Zander, Saibling, Forelle, Waller, Karpfen)
mildes Chilisalz

1 Für den Fond die Zanderkarkasse mit der Küchenschere zerkleinern und in kaltes Wasser legen. Die Krebse 1 bis 2 Minuten in kochendes Salzwasser geben, herausnehmen und kalt abschrecken. Die Krebsschwänze und -scheren vom Körper trennen, Schwänze schälen und den Darm entfernen. Die Scheren knacken und das Fleisch herauslösen. Das Krebsfleisch zugedeckt kühl stellen.

2 Den Backofen auf 130 °C (Umluft) vorheizen. Die Krebskarkassen mit lauwarmem Salzwasser waschen, abtropfen lassen, auf ein mit Backpapier belegtes Backblech legen und im Ofen auf der mittleren Schiene 20 bis 30 Minuten trocknen. In einen Gefrierbeutel füllen und mit dem Schnitzelklopfer grob zerkleinern.

3 Die Zwiebel, die Karotte, den Sellerie und den Fenchel putzen, schälen bzw. waschen und in kleine Stücke schneiden. Die Tomaten waschen und achteln, dabei die Stielansätze entfernen.

4 Das Öl in einem Topf erhitzen und die Krebs- und Zanderkarkassen darin bei milder Hitze anrösten. Das Gemüse hinzufügen, mit dem Wein ablöschen und einköcheln lassen. So viel Brühe angießen, dass die Karkassen vollständig mit Flüssigkeit bedeckt sind. Den Fond bei milder Hitze etwa 1 Stunde mehr ziehen als köcheln lassen. Nach 45 Minuten die Champignons mit Fenchelsamen, Ingwer, Knoblauch und Thymian hinzufügen. Den fertigen Fischfond vorsichtig durch ein feines Sieb gießen.

5 Für die Einlage die Karotte putzen, schälen und schräg in 3 bis 4 mm dicke Scheiben schneiden. Den Sellerie putzen, waschen und ebenfalls schräg in 3 bis 4 mm dicke Scheiben schneiden. Den Fenchel putzen, waschen und in kleine Stücke schneiden. Die Zwiebel schälen und in kleine Stücke schneiden. Das Gemüse mit der braunen Butter und dem Safran in den Fond geben und knapp unter dem Siedepunkt 10 Minuten gar ziehen lassen.

6 Die Fischfilets waschen, trocken tupfen und in etwa 2 cm große Würfel schneiden. In einem Topf Salzwasser aufkochen, vom Herd nehmen, die Fischwürfel hineingeben und 1 bis 2 Minuten darin ziehen lassen. In ein Sieb abgießen, mit dem Krebsfleisch zur Suppe geben und weitere 1 bis 2 Minuten ziehen lassen.

7 Die Bayerische Bouillabaisse mit Chilisalz abschmecken, auf vorgewärmte tiefe Teller verteilen und servieren.

Fisch

Fisch

LAUWARMER BAYERISCHER HUCHEN AUF GRAUPEN-KÜRBIS-GEMÜSE

Zutaten für 4 Personen

Für das Graupen-Kürbis-Gemüse:
1 Zwiebel · 1 Lorbeerblatt
3 Gewürznelken
75 g Perlgraupen · Salz
1 halbierte Knoblauchzehe
2 Scheiben Ingwer
1 getrocknete kleine rote Chilischote
150 g eingelegter Kürbis
(siehe S. 14; abgetropft)
1 EL Butter · mildes Chilisalz
1 Msp. abgeriebene Bio-Orangenschale
1 EL Kürbis-Einlegesud
1 EL Schnittlauchröllchen

Für den Huchen:
2 Huchenfilets (à 250 g)
1 TL Olivenöl
mildes Chilisalz
frisch geriebene Muskatnuss
2 EL flüssige braune Butter
(siehe Tipp S. 30)
4 EL Huchenrogen

Für die Kräutersauce:
150 ml Brühe · 150 g Sahne
1 TL Speisestärke
50 ml Kürbis-Einlegesud
20 g kalte Butter
je ca. 2 EL Kerbelblättchen und
Dillspitzen (frisch geschnitten)
1 EL braune Butter
1 Msp. abgeriebene Bio-Zitronenschale · mildes Chilisalz

1 Für das Graupen-Kürbis-Gemüse die Zwiebel schälen, das Lorbeerblatt darauflegen und mit den Gewürznelken feststecken. Die Graupen in Salzwasser mit der gespickten Zwiebel, dem Knoblauch, dem Ingwer und der Chilischote 30 bis 40 Minuten weich kochen.

2 Inzwischen für den Huchen den Backofen auf 80 °C vorheizen. Die Huchenfilets waschen und trocken tupfen. Einen großen flachen Teller mit dem Olivenöl bepinseln.

3 Die Huchenfilets auf den flachen Seiten mit Chilisalz und Muskatnuss würzen. Die Filets mit den gewürzten Seiten etwas versetzt aufeinanderlegen, sodass eine dünne und eine dicke Längsseite übereinanderliegen. Dieses »Doppelfilet« in 4 gleich große Stücke schneiden, mit etwas Abstand zueinander auf den Teller setzen, mit Frischhaltefolie bedecken und im Ofen auf der mittleren Schiene 20 Minuten saftig durchziehen lassen.

4 Für die Kräutersauce die Brühe und die Sahne erhitzen. Die Speisestärke mit wenig kaltem Wasser glatt rühren und nach und nach in die leicht köchelnde Sauce rühren, bis diese sämig bindet. Den Kürbis-Einlegesud hinzufügen und die kalte Butter unter die Sauce rühren. Den Kerbel, den Dill und die braune Butter dazugeben und die Sauce mit Zitronenschale und Chilisalz würzen.

5 Die Graupen in ein Sieb abgießen, abtropfen lassen, die gespickte Zwiebel und die Chilischote entfernen. Die Graupen unter fließendem kaltem Wasser kurz abbrausen und abtropfen lassen. Den eingelegten Kürbis in kleine Würfel schneiden.

6 Die Graupen mit den Kürbiswürfeln in einem kleinen Topf erhitzen. Die Butter unterrühren und das Graupen-Kürbis-Gemüse mit Chilisalz, der Orangenschale und dem Kürbis-Einlegesud verfeinern. Gegebenenfalls mit etwas Salz nachwürzen.

7 Kurz vor dem Servieren die Huchenfilets mit der braunen Butter bepinseln und mit Chilisalz würzen. Den Schnittlauch unter das Graupen-Kürbis-Gemüse mischen und dieses mittig auf vorgewärmte tiefe Teller verteilen. Die Sauce darum herumträufeln und die Huchenfiletstücke darauf anrichten. Je 1 EL Huchenrogen daraufsetzen.

Gröstl vom Huchen mit Pilzen und Cocktailtomaten

Zutaten für 4 Personen

Für die Weißweinsauce:
1 EL Puderzucker
100 ml trockener Weißwein
¼ l Gemüsebrühe
100 g Sahne
2 TL Speisestärke
1 EL kalte Butter
Salz · mildes Chilipulver

Für das Gröstl:
300 g Huchenfilet (ersatzweise Zander- oder Forellenfilet)
250 g Champignons
250 g Cocktailtomaten
1 TL Öl
2 EL grüne Oliven (entsteint)
½ Knoblauchzehe
3 Scheiben Ingwer
1 EL Dillspitzen (frisch geschnitten)
mildes Chilisalz

1 Für die Weißweinsauce den Puderzucker in einem Topf bei mittlerer Hitze goldbraun karamellisieren. Mit dem Wein ablöschen und auf ein Drittel einköcheln lassen. Die Brühe angießen, 1 bis 2 Minuten köcheln lassen, die Sahne dazugeben und einmal aufkochen lassen.

2 Die Speisestärke mit wenig kaltem Wasser glatt rühren, nach und nach in die köchelnde Sauce rühren, bis diese leicht sämig bindet. Zuletzt die Butter mit dem Stabmixer unterrühren und mit Salz und 1 Prise Chilipulver würzen.

3 Für das Gröstl das Huchenfilet waschen, trocken tupfen und in 2 cm breite Streifen schneiden. Die Champignons putzen, falls nötig, mit Küchenpapier trocken abreiben und vierteln. Die Tomaten waschen und vierteln.

4 Das Öl in einer Pfanne erhitzen und die Huchenfiletstreifen darin bei mittlerer Hitze etwa 2 Minuten rundum anbraten. Die Pilze, die Tomaten und die Oliven dazugeben und erhitzen.

5 Den Knoblauch schälen, in Scheiben schneiden, mit dem Ingwer zum Gröstl geben und einige Minuten mitziehen lassen. Dann den Dill hinzufügen und mit Chilisalz abschmecken. Die Weißweinsauce auf Teller verteilen und das Gröstl darauf anrichten.

Mein Tipp:

Wer möchte, kann separat noch ein paar vorgekochte Kartoffelscheiben in einer Pfanne in Öl knusprig braun braten und diese unter das Huchengröstl mischen.

Gebratene Wallerstückerl mit Paprika und Radi

1 Den Rettich schälen und in 6 bis 8 mm dicke und 6 bis 7 cm lange Stifte schneiden. Kräftig mit Salz würzen und 15 Minuten ziehen lassen. Auf einem Sieb abbrausen und abtropfen lassen.

2 Die Zuckerschoten putzen, waschen, schräg halbieren und in kochendem Salzwasser 2 Minuten blanchieren. In ein Sieb abgießen, kalt abschrecken und abtropfen lassen. Die Paprikaschoten längs halbieren, entkernen, waschen und mit dem Sparschäler schälen. Längs in 8 bis 10 mm breite Streifen schneiden und diese halbieren.

3 Die Paprikastücke mit der Brühe in einen Topf geben und mit geschlossenem Deckel etwa 3 Minuten dünsten. Den Deckel abnehmen und weitere 2 Minuten dünsten, bis die Flüssigkeit fast verkocht ist.

4 Den Knoblauch schälen und in feine Würfel schneiden. Mit dem Rettich und den Zuckerschoten zu den Paprikaschoten geben, erhitzen und mit je 1 Prise Kümmel und Majoran sowie der Zitronenschale würzen. Die Butter, die braune Butter und den Dill unterrühren und alles mit Chilisalz abschmecken.

5 Das Wallerfilet waschen, trocken tupfen und in 2 bis 2 ½ cm große Stücke schneiden. Etwas Öl in einer Pfanne erhitzen und die Wallerstücke darin portionsweise auf jeder Seite etwa 2 ½ Minuten anbraten. Mit Chilisalz würzen. Das Gemüse auf vorgewärmte Teller verteilen und die Wallerstückerl darauf anrichten.

Zutaten für 4 Personen

300 g weißer Rettich
Salz
150 g Zuckerschoten
2 rote Paprikaschoten
75 ml Hühnerbrühe
1 Knoblauchzehe
gemahlener Kümmel
getrockneter Majoran
1 Msp. abgeriebene Bio-Zitronenschale
1 EL kalte Butter
1 EL braune Butter
(siehe Tipp S. 30)
1 TL Dillspitzen (frisch geschnitten)
mildes Chilisalz
500 g Wallerfilet
1–2 TL Öl

Mein Tipp:

Beim Dünsten der Paprikaschoten sollte die Flüssigkeit bis auf maximal 2 EL einkochen, damit durch die Zugabe der Butter die gewünschte Bindung erreicht werden kann.

Wallerfilet und Wallerpflanzerl mit Meerrettichsauce und Gemüse

Zutaten für 4 Personen

Für die Meerrettichsauce:
ca. 80 g festkochende Kartoffel
200 ml Hühnerbrühe · 1 Lorbeerblatt · 1 Chilischote · ½–1 TL Dijon-Senf · 1–2 EL Sahnemeerrettich (aus dem Glas) · 80 g Sahne
20 g kalte Butter · mildes Chilisalz

Für das Wurzelgemüse:
je 1 orangefarbene und gelbe Karotte
das Weiße von 1 dünnen Stange Lauch · ⅛ l Gemüsebrühe
3 Lorbeerblätter · 2 Scheiben Ingwer
mildes Chilisalz
frisch geriebene Muskatnuss
je 1 TL Dillspitzen, Petersilien- und Minzeblätter (frisch geschnitten)
1 EL Liebstöckel (grob geschnitten)

Für die Wallerpflanzerl:
250 g Wallerfilet · 1 TL Senf
1 TL Tafelmeerrettich (aus dem Glas)
1 Eigelb · 3 EL Weißbrotbrösel
je 1 TL Dillspitzen, Minze- und Estragonblätter (grob geschnitten)
mildes Chilisalz · frisch geriebene Muskatnuss · 1 große festkochende Kartoffel · 1 EL Öl

Für das Wallerfilet:
4 Wallerfilets (à ca. 150 g)
3 EL Weißbrotbrösel
1–2 EL braune Butter (siehe Tipp S. 30) · mildes Chilisalz

Außerdem:
1 Apfel · 1 TL Puderzucker
20 g Butter

1 Für die Meerrettichsauce die Kartoffel schälen, in kleine Würfel schneiden und in der Brühe mit Lorbeerblatt und Chilischote weich garen. Lorbeerblatt und Chilischote entfernen. Senf, Meerrettich und Sahne unterrühren, die Butter hinzufügen und mit dem Stabmixer fein pürieren. Mit Chilisalz abschmecken. Warm halten.

2 Für das Wurzelgemüse die Karotten putzen, schälen und schräg in etwa ½ cm dicke Scheiben schneiden. Den Lauch putzen, waschen und ebenfalls schräg in etwa ½ cm dicke Scheiben schneiden. Die Karottenscheiben mit Brühe, Lorbeerblättern und Ingwer in einen Topf geben und bei milder Hitze etwa 6 Minuten bissfest dünsten. Zum Schluss den Lauch dazugeben und etwa 3 Minuten mitdünsten. Das Gemüse mit Chilisalz und 1 Prise Muskatnuss würzen. Warm halten.

3 Für die Wallerpflanzerl das Wallerfilet waschen, trocken tupfen und in kleine Würfel schneiden. Mit Senf, Meerrettich, Eigelb und Weißbrotbröseln in einer Schüssel mischen. Dill, Minze und Estragon dazugeben und mit Chilisalz und etwas Muskatnuss würzen.

4 Die Kartoffel schälen, halbieren und in möglichst dünne Scheiben hobeln. Mit einem Ausstecher (4 bis 5 cm Durchmesser) etwa 16 runde Kartoffelscheiben ausstechen. Aus der Fischmasse mit angefeuchteten Händen 8 kleine flache Pflanzerl (3 bis 4 cm Durchmesser) formen und auf beiden Seiten mit je 1 Kartoffelscheibe belegen. Das Öl in einer Pfanne erhitzen und die Pflanzerl darin bei milder Hitze auf jeder Seite etwa 3 Minuten braten, bis die Kartoffelscheiben goldbraun und die Pflanzerl durchgegart sind. Auf Küchenpapier abtropfen lassen.

5 Für das Wallerfilet die Fischfilets waschen, trocken tupfen, in Stücke schneiden und in den Weißbrotbröseln wenden. Die braune Butter in einer Pfanne erhitzen und die Wallerfilets darin bei milder Hitze auf jeder Seite 2½ bis 3 Minuten braten. Die Pfanne vom Herd nehmen und die Fischfilets in der Resthitze der Pfanne saftig durchziehen lassen. Auf Küchenpapier abtropfen lassen und mit Chilisalz würzen.

6 Den Apfel waschen, vierteln, entkernen und in Spalten schneiden. Den Puderzucker in eine Pfanne geben, die Apfelspalten hinzufügen und darin wenden. Bei milder Hitze auf beiden Seiten anbraten und zum Schluss die Butter dazugeben.

7 Die Kräuter unter das Wurzelgemüse mischen. Die Wallerfilets auf vorgewärmte Teller verteilen. Jeweils etwas Meerrettichsauce danebengeben und ein Fischpflanzerl daraufsetzen. Das Gemüse darum herum verteilen und mit den Apfelspalten garnieren.

Fisch

RENKE AUF ROTEM ZWIEBELKRAUT MIT SELLERIESAUCE

Zutaten für 4 Personen

Für die Selleriesauce:
100 g Knollensellerie
375 ml Gemüsebrühe
60 g Sahne
20 g kalte Butter
Salz · mildes Chilipulver

Für das Zwiebelkraut:
500 g weiße Zwiebeln
1 EL Puderzucker
150 ml roter Portwein
¼ l kräftiger Rotwein
1 EL helle Senfkörner
1 kleines Lorbeerblatt
5 Pimentkörner
1 Streifen Bio-Orangenschale
1 halbierte Knoblauchzehe
1 Scheibe Ingwer
Salz · Pfeffer aus der Mühle
20 g kalte Butter

Für die Renke:
2 EL doppelgriffiges Mehl
(Wiener Grießler)
6 Renkenfilets (à ca. 100 g;
mit Haut) · 1 EL Öl
etwas Zitronensaft
mildes Chilisalz

1 Für die Selleriesauce den Sellerie putzen, schälen und in kleine Würfel schneiden. Die Brühe aufkochen und die Selleriewürfel darin bei milder Hitze etwa 15 bis 20 Minuten weich köcheln.

2 Inzwischen für das Zwiebelkraut die Zwiebeln schälen und längs in etwa ½ cm breite Streifen schneiden. Den Puderzucker in einem großen, flachen Topf hell karamellisieren. Mit Portwein und Rotwein ablöschen, Senfkörner, Lorbeerblatt und Pimentkörner hinzufügen und einköcheln lassen.

3 Die Zwiebelstreifen in den Weinsud geben, Orangenschale, Knoblauch und Ingwer hinzufügen, mit Salz und Pfeffer würzen und 10 Minuten ziehen lassen. Lorbeerblatt, Pimentkörner, Orangenschale, Knoblauch und Ingwer wieder entfernen und die kalte Butter unterrühren. Das Zwiebelkraut warm halten.

4 Die Sahne zum Sellerie geben und alles mit dem Stabmixer fein pürieren. Die Butter untermixen und mit Salz, Pfeffer und 1 Prise Chilipulver würzen. Die Selleriesauce warm halten.

5 Für die Renke das Mehl auf einen Teller geben. Die Renkenfilets waschen, trocken tupfen, schräg halbieren und mit der Hautseite in das Mehl tauchen. Das Öl in einer Pfanne erhitzen und die Renkenfilets darin bei mittlerer Hitze auf der Hautseite – je nach Dicke der Filets – 2 bis 3 Minuten kross anbraten.

6 Die Pfanne vom Herd nehmen, die Filets wenden und in der Resthitze der Pfanne etwa 1 Minute glasig durchziehen lassen. Aus der Pfanne nehmen, auf Küchenpapier abtropfen lassen, mit Zitronensaft beträufeln und mit Chilisalz würzen.

7 Je 2 EL Zwiebelkraut mittig auf einen vorgewärmten tiefen Teller geben. Die Selleriesauce nochmals mit dem Stabmixer aufschäumen und darum herumträufeln. Je 3 Renkenfiletstücke mit der kross gebratenen Hautseite nach oben an das Zwiebelkraut legen.

MEIN TIPP:

Die Selleriesauce schmeckt auch ausgezeichnet mit ein wenig Räucheraroma. Dazu etwa 2 Häute von geräucherten Forellen oder Renken einige Minuten mit in die Sauce legen. So können sie ihr Aroma abgeben. Anschließend wieder entfernen.

Renke auf mariniertem Spargel mit Zitronenjoghurt

1 Für die Kartoffeln die Minikartoffeln waschen und mit der Schale in Salzwasser mit dem Kümmel etwa 20 Minuten weich garen. Die Kartoffeln abgießen, kurz ausdampfen lassen, möglichst heiß pellen, abkühlen lassen und in 1 cm große Würfel schneiden.

2 Die braune Butter in einer Pfanne erhitzen und die Kartoffelwürfel darin bei mittlerer Hitze rundum goldbraun anbraten. Mit Chilisalz und je 1 Prise Kümmel und Majoran würzen.

3 Für die Renke den Backofen auf 80 °C vorheizen und ein Backblech mit Butter einfetten. Die Renkenfilets waschen, trocken tupfen und halbieren. Die Fischstücke nebeneinander auf das Backblech legen. Mit Frischhaltefolie bedecken und im Ofen auf der mittleren Schiene – je nach Dicke der Filets – 10 bis 15 Minuten saftig durchgaren.

4 Für den Spargelsalat die weißen Spargelstangen ganz, die grünen nur im unteren Drittel schälen und waschen, jeweils die holzigen Enden abschneiden. Die Spargelstangen längs halbieren und schräg in etwa 3 cm lange Stücke schneiden.

5 Den Puderzucker in einer Pfanne hell karamellisieren, die Spargelstücke dazugeben und kurz andünsten. Die Brühe angießen, die Zitronenschale dazugeben und den Spargel bei milder Hitze etwa 5 Minuten gar ziehen lassen. Gegebenenfalls noch etwas Brühe nachgießen. Vom Herd nehmen, Zitronensaft, Öl, Walnussöl und Estragon hineingeben. Mit Salz und Pfeffer abschmecken und die Zitronenschale wieder entfernen.

6 Für den Zitronenjoghurt den Joghurt mit Zitronensaft verrühren und mit Zitronenschale, Knoblauch, Ingwer, Salz und 1 Prise Chilipulver würzen. Kurz vor dem Servieren den Dill und die Butter unter die Kartoffelwürfel mischen.

7 Für die Renke die braune Butter mit Vanilleschote, Ingwer- und Knoblauchscheiben bei milder Hitze erwärmen und mit Chilisalz würzen. Die Renkenfilets damit bestreichen.

8 Den Spargelsalat abtropfen lassen und auf länglichen Tellern verteilen. Je 3 Renkenfiletstücke darauf anrichten, den Zitronenjoghurt darum herumträufeln und je 3 Kartoffelhälften danebenlegen. Nach Belieben mit Kräuterblättern garnieren.

Zutaten für 4 Personen

Für die Kartoffeln:
6 Minikartoffeln · Salz
½ TL ganzer Kümmel
1–2 TL braune Butter
(siehe Tipp S. 30)
Chilisalz · gemahlener Kümmel
getrockneter Majoran
1–2 TL Dillspitzen (frisch geschnitten) · 1 EL kalte Butter

Für die Renke:
Butter für das Blech
6 Renkenfilets (à 80–90 g)
30 g braune Butter
¼ ausgekratzte Vanilleschote
3 Ingwerscheiben
1 Knoblauchzehe (in Scheiben)
mildes Chilisalz

Für den Spargel:
je 250 g weißer und grüner Spargel (ersatzweise nur grüner Spargel)
½–1 TL Puderzucker
ca. 100 ml Gemüsebrühe
1 Streifen Bio-Zitronenschale
1–2 EL Zitronensaft · 1–2 EL Öl
½ TL Walnussöl · ca. 3 Estragonblätter (frisch geschnitten) · Salz
Pfeffer aus der Mühle

Für den Zitronenjoghurt:
150 g Rahmjoghurt (10 % Fett)
1 TL Zitronensaft
abgeriebene Schale von
½ Bio-Zitrone
1 Msp. geriebene Knoblauchzehe
1 Msp. geriebener Ingwer
Salz · mildes Chilipulver

Fisch

Saibling im Ganzen gebraten mit Kräuterkartoffeln

Zutaten für 4 Personen

Für den Saibling:
*4 Saiblinge (à ca. 300 g;
küchenfertig) · Salz
4 Stiele Petersilie
4 Scheiben Ingwer
4 Streifen Bio-Zitronenschale
ca. 3 EL doppelgriffiges Mehl
(Wiener Grießler) · 4 EL Öl
Zitronensaft zum Beträufeln*

Für die Kräuterkartoffeln:
*500 g Minikartoffeln
Salz · 1 Lorbeerblatt
1 kleine getrocknete rote Chilischote
50 ml Gemüsebrühe
1 Knoblauchzehe (in Scheiben)
2 Scheiben Ingwer
2 EL gemischte Kräuterblätter (z. B.
Dill, Kerbel, Petersilie, Schnittlauch;
frisch geschnitten)
1 EL kalte Butter · mildes Chilisalz*

Für die Zitronenbutter:
*je 40 g Butter und braune Butter
(siehe Tipp S. 30)
1 Knoblauchzehe (in Scheiben)
2 Scheiben Ingwer
1 TL abgeriebene Bio-
Zitronenschale
mildes Chilisalz
1 EL Petersilienblätter (frisch
geschnitten)*

1 Für den Saibling den Backofen auf 100 °C vorheizen. Die Saiblinge innen und außen waschen, trocken tupfen und mit Salz würzen. Die Petersilienstiele waschen und trocken schütteln. Je 1 Petersilienstiel, 1 Ingwerscheibe und 1 Streifen Zitronenschale in die Bauchhöhlen der Saiblinge geben. Das Mehl auf einen Teller geben und die Saiblinge darin wenden.

2 Das Öl in einer großen Pfanne erhitzen und die Fische darin – gegebenenfalls portionsweise – bei milder Hitze auf beiden Seiten anbraten. Die Fische auf ein mit Backpapier belegtes Backblech oder in einen Bräter legen und im Ofen auf der mittleren Schiene etwa 15 Minuten saftig durchziehen lassen. Die Pfanne mit dem Bratfett beiseitestellen.

3 Für die Kräuterkartoffeln die Kartoffeln schälen, waschen und in Salzwasser mit dem Lorbeerblatt und der Chilischote weich garen. Die Kartoffeln in ein Sieb abgießen, das Lorbeerblatt und die Chilischote wieder entfernen. Die Brühe mit dem Knoblauch und dem Ingwer erhitzen, die Kartoffeln mit den Kräutern dazugeben und erwärmen. Die Butter hinzufügen und die Kräuterkartoffeln mit Chilisalz würzen. Den Ingwer entfernen.

4 Für die Zitronenbutter das Bratfett mit Küchenpapier aus der beiseitegestellten Pfanne tupfen und die Butter sowie die braune Butter darin zerlassen. Den Knoblauch, den Ingwer und die Zitronenschale hinzufügen, bei milder Hitze einige Minuten ziehen lassen und mit Chilisalz würzen. Die Saiblinge in der Zitronenbutter wenden und mit der Petersilie bestreuen. Die ganzen Gewürze wieder entfernen.

5 Die Saiblinge auf vorgewärmte Teller geben, mit der Zitronenbutter und dem Zitronensaft beträufeln und die Kräuterkartoffeln daneben anrichten.

Mein Tipp:

Auf dieselbe Weise können Sie auch Forellen oder Lachsforellen zubereiten. Servieren Sie dazu einen knackigen Blattsalat und, wenn Sie möchten, etwas Tsatsiki.

Fisch

Saibling auf Sellerie mit Schnittlauchsauce

Zutaten für 4 Personen

Für die Brokkoli-Kartoffeln:

2 festkochende Kartoffeln (ca. 200 g)
150 ml Hühnerbrühe
300 g Brokkoli · Salz
2 Lorbeerblätter
2 Zacken Sternanis
1 EL braune Butter
(siehe Tipp S. 30)
1 Knoblauchzehe (in Scheiben)
2 Scheiben Ingwer
2 cm Vanilleschote
1 EL kalte Butter
mildes Chilisalz

Für den Sellerie:

300 g Knollensellerie
300 ml Gemüsebrühe
1 kleines Lorbeerblatt

Für die Schnittlauchsauce:

1–2 TL Speisestärke
1 Spritzer Zitronensaft
½ Streifen Bio-Zitronenschale
80 g Sahne
20 g kalte Butter
mildes Chilisalz
1–2 EL Schnittlauchröllchen

Für den Saibling:

4 Saiblingsfilets (à 100 g; mit Haut)
2 EL doppelgriffiges Mehl (Wiener Grießler) · 1 TL Öl
4 Ingwer- oder Kartoffelscheiben
mildes Chilisalz

1 Für die Brokkoli-Kartoffeln die Kartoffeln schälen, waschen und in 1 cm große Würfel schneiden. In der Brühe etwa 10 Minuten weich garen, abgießen, abtropfen lassen und trocken tupfen. Den Brokkoli putzen, waschen und in Röschen teilen. Die Stiele schälen, dabei holzige Teile entfernen, und die Stiele in Scheiben schneiden. Brokkoliröschen und -stiele in Salzwasser mit den Lorbeerblättern und dem Sternanis etwa 3 Minuten bissfest garen. In ein Sieb abgießen, kalt abschrecken und abtropfen lassen. Die Gewürze wieder entfernen.

2 Den Sellerie putzen, schälen und in 3 bis 4 mm dicke Scheiben schneiden. Mit der Brühe und dem Lorbeerblatt in einen Topf geben und mit geschlossenem Deckel bei milder Hitze 7 bis 8 Minuten weich dünsten. Die Selleriescheiben vorsichtig herausnehmen und zugedeckt warm halten. Den Selleriefond für die Sauce aufbewahren.

3 Für die Schnittlauchsauce den Selleriefond erhitzen. Die Speisestärke mit wenig kaltem Wasser glatt rühren, in den Selleriefond geben und aufkochen. Den Zitronensaft und die -schale unterrühren und alles 2 bis 3 Minuten leicht köcheln lassen. Die Sahne dazugeben und aufkochen. Die Zitronenschale entfernen und die Butter unter die Sauce rühren. Mit 2 Prisen Chilisalz abschmecken und die Sauce warm halten.

4 Die braune Butter in einer Pfanne erhitzen und die Kartoffelwürfel darin bei mittlerer Hitze erwärmen. Knoblauch, Ingwer und Vanilleschote hinzufügen. Den Brokkoli dazugeben und erhitzen, zum Schluss die kalte Butter hinzufügen. Das Gemüse mit Chilisalz würzen und warm halten.

5 Für den Saibling die Saiblingsfilets waschen und trocken tupfen. Das Mehl auf einen Teller geben und die Fischfilets mit der Hautseite in das Mehl tauchen. Das Öl in einer Pfanne erhitzen und die Filets darin auf der Hautseite bei mittlerer Hitze 3 bis 4 Minuten kross braten, dabei unter das dünne Schwanzstück je 1 Ingwer- oder Kartoffelscheibe legen. Die Fischfilets wenden, die Pfanne vom Herd nehmen und die Filets in der Resthitze der Pfanne etwa 1 Minute saftig durchziehen lassen. Herausnehmen, auf Küchenpapier abtropfen lassen und mit Chilisalz würzen.

6 Den Schnittlauch unter die Sauce rühren. Die Selleriescheiben mittig auf vorgewärmte Teller verteilen und die Schnittlauchsauce daraufgeben. Je 1 Saiblingsfilet darauf anrichten und die Brokkoli-Kartoffeln darum herum verteilen.

Heilbutt auf Grünkohl mit brauner Buttersauce

1 Für die braune Buttersauce die Schalotte schälen und in feine Würfel schneiden. Die Champignons putzen, falls nötig, trocken abreiben, und vierteln. Die Tomaten waschen und vierteln.

2 Den Madeira in einem Topf aufkochen und etwa 10 Sekunden köcheln lassen, dann den Fond angießen und Ingwer, Knoblauch, Lorbeerblätter, Zimt und Vanilleschote hinzufügen. Auf die Hälfte einkochen lassen. Die Speisestärke mit wenig kaltem Wasser glatt rühren und unter die köchelnde Sauce rühren, bis diese leicht sämig bindet. Zum Schluss die kalte Butter und 40 g braune Butter unterrühren.

3 In einer Pfanne die restliche braune Butter erhitzen und die Schalottenwürfel darin bei mittlerer Hitze glasig dünsten. Die Pilze und die Tomaten dazugeben und kurz mitdünsten. Die Sauce dazugießen, die Kapern hinzufügen und mit Chilisalz würzen. Warm halten.

4 Vom Grünkohl die feinen Blätter von den harten Blattrippen abzupfen und waschen. Die Grünkohlblätter in kochendem Salzwasser etwa 5 Minuten blanchieren. In ein Sieb abgießen, kalt abschrecken und abtropfen lassen.

5 Die Butter in einer Pfanne erhitzen und den Grünkohl darin bei milder Hitze nochmals erwärmen. Mit Salz, Pfeffer, Muskatnuss und Orangenschale abschmecken. Die Granatapfelkerne untermischen. Den Grünkohl warm halten.

6 Für den Heilbutt die Heilbuttfilets halbieren. Das Öl in einer Pfanne erhitzen und die Fischstücke darin bei mittlerer Hitze etwa 5 Minuten anbraten. Die Filets wenden, die Pfanne vom Herd nehmen und den Fisch in der Resthitze der Pfanne noch 2 Minuten ziehen lassen.

7 Je 2 Fischstücke mittig auf vorgewärmten Tellern anrichten, die Buttersauce darüberträufeln und den Grünkohl daneben anrichten. Mit Meerrettichspänen garnieren.

Mein Tipp:

Anstatt Heilbutt können auch andere Fischfilets, wie Zander oder Forelle, mit Grünkohl und brauner Buttersauce kombiniert werden.

Zutaten für 4 Personen

Für die braune Buttersauce:
- 1 Schalotte
- 3 Champignons
- 5 Cocktailtomaten
- 2 EL Madeira
- 200 ml Kalbsfond
- 2 Scheiben Ingwer
- 1 Knoblauchzehe (in Scheiben)
- 2 Lorbeerblätter
- 1 Zimtsplitter
- 2 cm Vanilleschote
- 1 TL Speisestärke
- 40 g kalte Butter
- 50 g braune Butter (siehe Tipp S. 30)
- 1 TL Kapern
- mildes Chilisalz

Für den Grünkohl:
- 600 g Grünkohl · Salz
- 1 EL Butter
- Pfeffer aus der Mühle
- frisch geriebene Muskatnuss
- 1 Msp. abgeriebene Bio-Orangenschale
- 1 EL Granatapfelkerne

Für den Heilbutt:
- 4 Heilbuttfilets (à 150 g) · ½ TL Öl
- 1 EL frisch gehobelter Meerrettich

Fisch

KABELJAU AUF SENFSAUCE MIT GURKEN-SPINAT

Zutaten für 4 Personen

Für die Kartoffelspalten:
400 g festkochende Kartoffeln · Salz
1 EL braune Butter (siehe
Tipp S. 30) · 2 Zimtsplitter
1 Zacken Sternanis · 1 Knoblauchzehe (in Scheiben) · 2 Scheiben
Ingwer · gemahlener Fenchel und
Kümmel · mildes Chilisalz
frisch geriebene Muskatnuss

Für den Gurken-Spinat:
1 Salatgurke (500 g) · Salz
350 g Babyspinat · 2 EL Hühnerbrühe · 1 Knoblauchzehe (in
Scheiben) · 1 TL Dillspitzen (frisch
geschnitten) · 1 EL kalte Butter
½ Vanilleschote · mildes Chilisalz
frisch geriebene Muskatnuss

Für den Kabeljau:
1 EL Butter oder Öl für das Blech
4 Kabeljaufilets (à 125 g)
40 g braune Butter
je ½–1 TL abgeriebene Bio-
Zitronen- und Bio-Orangenschale
1 Knoblauchzehe (in Scheiben)
2 Scheiben Ingwer · mildes Chilisalz

Für die Senfsauce:
100 ml Gemüsebrühe · 100 g Sahne
2 EL Dijon-Senf · 1 EL süßer Senf
1 Msp. abgeriebene Bio-
Orangenschale · mildes Chilisalz

Außerdem:
Gemüsechips (siehe S. 16)
1 Stück Zimtrinde · frisch geriebene
Muskatnuss · einige Dillspitzen

1 Für die Kartoffelspalten die Kartoffeln schälen, waschen und in Salzwasser weich garen. Abgießen und abkühlen lassen.

2 Für den Gurken-Spinat die Gurke schälen, längs halbieren und mit einem Löffel die Kerne entfernen. Die Gurke in ½ cm dicke Scheiben schneiden, kurz in Salzwasser blanchieren, in ein Sieb abgießen und abtropfen lassen.

3 Den Spinat verlesen, waschen und trocken schleudern. Die Brühe in einem Topf erhitzen, den Spinat mit dem Knoblauch darin andünsten und zusammenfallen lassen. Gurkenscheiben, Dill, Butter und Vanilleschote dazugeben. Mit Chilisalz und 1 Prise Muskatnuss würzen.

4 Für den Kabeljau den Backofen auf 80 °C vorheizen und ein Backblech einfetten. Die Kabeljaufilets waschen, trocken tupfen, in Stücke schneiden und nebeneinander auf das Blech legen. Mit Frischhaltefolie bedecken und den Fisch im Ofen auf der mittleren Schiene 15 bis 20 Minuten saftig durchziehen lassen.

5 Für die Kartoffelspalten die braune Butter in einer Pfanne bei milder Hitze erwärmen. Zimtsplitter, Sternanis, Knoblauch, Ingwer sowie je 1 Prise Fenchel, Kümmel, Chilisalz und Muskatnuss hinzufügen. Die Kartoffeln in Spalten schneiden und in der Gewürzbutter erhitzen, aber nicht anbraten.

6 Inzwischen für die Senfsauce die Brühe mit der Sahne aufkochen, den Senf und den süßen Senf unterrühren und mit Orangenschale und Chilisalz abschmecken.

7 Für den Kabeljau die braune Butter mit Zitronen- und Orangenschale, Knoblauch und Ingwer erwärmen, einige Minuten ziehen lassen und mit etwas Chilisalz würzen. Den Kabeljau mit Gewürzbutter bestreichen und mit Chilisalz würzen.

8 Den Gurken-Spinat auf vorgewärmte Teller verteilen, die Kabeljaufilets und die Kartoffelspalten darauf anrichten und die Senfsauce darum herumträufeln. Die Gemüsechips daraufsetzen, etwas Zimt darüberreiben und mit Muskatnuss würzen. Mit Dillspitzen garnieren.

Fisch

ZANDER AUF KARTOFFEL-ANIS-SAUCE

Zutaten für 4 Personen
Für die Kartoffel-Anis-Sauce:
¼ l Gemüsebrühe
2–3 EL Kartoffelwürfel
1 EL Karottenwürfel
½ kleines Lorbeerblatt
½ kleine rote Chilischote
je 1 Scheibe Knoblauch und Ingwer
1 TL Anissamen
40 g Sahne
1 kleines Stück Butter
Salz · mildes Chilipulver
frisch geriebene Muskatnuss

Für den Zander:
500 g Zanderfilet (mit Haut)
2 EL doppelgriffiges Mehl
(Wiener Grießler)
1 EL Öl
mildes Chilisalz

1 Für die Kartoffel-Anis-Sauce die Brühe in einem kleinen Topf erhitzen, die Kartoffel- und Karottenwürfel dazugeben, Lorbeerblatt und Chilischote hinzufügen und knapp unter dem Siedepunkt etwa 15 bis 20 Minuten weich garen. Nach 10 bis 15 Minuten Knoblauch und Ingwer dazugeben.

2 Die Anissamen in einer Pfanne ohne Fett bei milder Hitze rösten, bis sie zu duften beginnen.

3 Lorbeerblatt, Chilischote, Knoblauch- und Ingwerscheibe wieder aus der Brühe entfernen. Sahne und Butter zum Gemüse geben und alles mit dem Stabmixer pürieren. Den Anis unterrühren und mit Salz, 1 Prise Chilipulver und Muskatnuss abschmecken. Die Sauce warm halten.

4 Für den Zander das Zanderfilet waschen, trocken tupfen und in 8 gleich große Stücke schneiden. Das Mehl auf einen Teller geben und die Filetstücke mit der Hautseite in das Mehl tauchen.

5 Das Öl in einer Pfanne erhitzen und die Zanderstücke darin bei mittlerer Hitze auf der Hautseite 3 bis 4 Minuten kross anbraten. Den Fisch wenden, die Pfanne vom Herd nehmen und die Filetstücke in der Resthitze der Pfanne glasig durchziehen lassen. Auf Küchenpapier abtropfen lassen und mit Chilisalz würzen.

6 Die Kartoffel-Anis-Sauce auf vorgewärmte Teller verteilen und je 2 Zanderstücke darauf anrichten. Dazu passt buntes Gemüse.

MEIN TIPP:
Durch das doppelgriffige Mehl wird die Fischhaut besonders knusprig und kann ausgezeichnet mitverzehrt werden. Gegebenenfalls muss beim Braten noch etwas Öl hinzugefügt werden, da das Mehl viel Fett aufnimmt.

ZANDER AUF OFFENEM KRAUTSTRUDEL MIT KARTOFFEL-CHILI-SAUCE

Zutaten für 4 Personen

Für die Kartoffel-Chili-Sauce:
80 g mehligkochende Kartoffel
300 ml Gemüsebrühe
1 Knoblauchzehe (in Scheiben)
2 Scheiben Ingwer
1 Lorbeerblatt
½–1 TL Chilipaste (siehe S. 11)
80 g Sahne

Für den Krautstrudel:
4 Blätter Strudelteig (aus dem Kühlregal; à ca. 30 x 25 cm)
60 g flüssige braune Butter (siehe Tipp S. 30)
je ½ TL Fenchelsamen, ganzer Kümmel, Zimtsplitter, Korianderkörner und schwarze Pfefferkörner
1 Eigelb · 2 EL Sahne
Fleur de Sel
250 g junger Weißkohl
1–2 EL Weißweinessig
Salz · Zucker
Dillsamen aus der Mühle (ersatzweise gemahlener Kümmel)
1 TL Dillspitzen (frisch geschnitten)
1 EL Petersilienblätter (frisch geschnitten)

Für den Zander:
400 g Zanderfilet (ohne Haut)
1 TL braune Butter · mildes Chilisalz

Außerdem:
je 1 EL Dillspitzen, Kerbel- und Petersilienblätter (frisch geschnitten)
1 Handvoll Sellerieblätter (frisch geschnitten)
1 TL Öl · mildes Chilisalz

1 Für die Kartoffel-Chili-Sauce die Kartoffel schälen und in etwa ½ cm große Würfel schneiden. In der Brühe mit Knoblauch, Ingwer und Lorbeerblatt weich garen. Dann Ingwer und Lorbeerblatt wieder entfernen, die Chilipaste und die Sahne dazugeben und alles mit dem Stabmixer fein pürieren. Die Sauce warm halten.

2 Für den Krautstrudel den Backofen auf 175 °C vorheizen. Die Strudelteigblätter mit je 1 EL brauner Butter bestreichen. Fenchelsamen, Kümmel, Zimtsplitter, Koriander- und Pfefferkörner in eine Gewürzmühle füllen und die Strudelteigblätter damit würzen. Jeweils eine Längsseite eines Strudelblatts ein Drittel nach innen schlagen und das äußere Drittel darüberlegen, sodass drei Lagen entstehen.

3 Das Eigelb mit der Sahne verquirlen, die zusammengefalteten Teigblätter damit bestreichen und mit Fleur de Sel bestreuen. Die Teigblätter quer in je 3 Stücke schneiden, auf ein mit Backpapier belegtes Backblech legen, mit einer Gabel mehrmals einstechen und im Ofen auf der mittleren Schiene 7 bis 8 Minuten goldbraun backen.

4 Für die Füllung vom Weißkohl die äußeren Blätter entfernen, den Kohl vierteln und den harten Strunk entfernen. Den Kohl in Streifen hobeln. Mit dem Essig mischen und mit Salz, 1 Prise Zucker und Dillsamen aus der Mühle würzen. Dill und Petersilie dazugeben und alles etwa 5 Minuten ziehen lassen. Die restliche braune Butter in einer Pfanne erhitzen und das Kraut darin 1 bis 2 Minuten andünsten.

5 Für den Zander das Zanderfilet waschen und trocken tupfen. Schräg in 3 bis 4 mm dicke, etwa 3 x 4 cm große Scheiben schneiden. Die braune Butter in einer Pfanne erhitzen, die Fischscheiben darin auf jeder Seite etwa 30 Sekunden anbraten und mit Chilisalz würzen.

6 Dill, Kerbel, Petersilie und Sellerieblätter mit dem Öl und etwas Chilisalz marinieren. Je 1 Strudelrechteck auf einen Teller legen, 1 bis 2 EL Kraut daraufgeben und 2 bis 3 Zanderstücke daraufsetzen. Ein weiteres Strudelrechteck darauflegen und nochmals 1 bis 2 EL Kraut sowie 2 bis 3 Fischstücke daraufgeben. Zum Schluss ein Strudelblatt darauflegen. Die marinierten Kräuter daraufsetzen und die Kartoffel-Chili-Sauce darum herum verteilen (Rezeptfoto siehe S. 46/47).

Fisch

ZWEIERLEI VON DER FORELLE MIT KNOBLAUCH-INGWER-SAUCE

Zutaten für 4 Personen

Für das Forellentatar:
4 Forellenfilets (à 100 g; mit Haut)
1 Schalotte · ¼ Apfel · 1–2 TL eingelegter Ingwer (siehe S. 18)
1 TL abgeriebene Bio-Limettenschale · Saft von ½ Limette
1 EL mildes Olivenöl · 1 EL Schnittlauchröllchen · mildes Chilisalz · Salz

Für die Dillkartoffeln:
400 g festkochende Kartoffeln · Salz
ganzer Kümmel · 1–2 TL braune Butter (siehe Tipp S. 30) · mildes Chilisalz · getrockneter Majoran
1 EL kalte Butter · 1–2 TL Dillspitzen (frisch geschnitten)

Für die Knoblauch-Ingwer-Sauce:
2 EL heiße Hühnerbrühe
1 geriebene Knoblauchzehe
1 TL frisch geriebener Ingwer
1 Msp. gemahlene Kurkuma
150 g saure Sahne
mildes Chilisalz · Zucker

Für das Gemüse:
je 60 g Karotte und Lauch
Salz · 1 TL braune Butter
mildes Chilisalz

Für die gedämpfte Forelle:
5 Scheiben Ingwer · 2 Lorbeerblätter
1 Chilischote · ½ TL Anissamen
1 Msp. abgeriebene Bio-Zitronenschale · 1 TL Butter
4 Forellenfilets (à 100 g)
2 EL flüssige braune Butter
mildes Chilisalz

1 Für das Forellentatar die Forellenfilets waschen, trocken tupfen und schräg in dünnen Scheiben von der Haut schneiden. Die Scheiben in kleine Würfel schneiden, die Haut beiseitelegen. Die Schalotte und den Apfel schälen und in feine Würfel schneiden. Den Ingwer abtropfen lassen (den Sud auffangen) und fein hacken. Den Fisch mit Schalotte, Apfel, Ingwer, 1 EL Ingwersud, Limettenschale, Limettensaft, Olivenöl, Schnittlauch und 1 Prise Chilisalz mischen. Kühl stellen.

2 Den Backofen auf 200 °C vorheizen. Die Forellenhäute nebeneinander auf ein mit Backpapier belegtes Backblech legen und leicht mit Salz bestreuen. Mit Backpapier bedecken, einen schweren flachen Gegenstand (z. B. einen Bräter) daraufsetzen und im Ofen auf der mittleren Schiene etwa 15 Minuten knusprig backen.

3 Für die Dillkartoffeln die Kartoffeln in Salzwasser mit ½ TL Kümmel weich garen. Die Kartoffeln pellen, in 1 cm große Würfel schneiden und 1 EL davon beiseitestellen. Die braune Butter in einer Pfanne erhitzen und die Kartoffelwürfel darin rundum bei milder Hitze goldbraun anbraten. Mit Chilisalz, 1 Prise Kümmel und Majoran würzen.

4 Für die Knoblauch-Ingwer-Sauce die Brühe mit den restlichen Kartoffeln, Knoblauch, Ingwer und Kurkuma pürieren. Die saure Sahne untermischen und mit je 1 Prise Chilisalz und Zucker abschmecken.

5 Für das Gemüse die Karotte putzen, schälen und in etwa 5 cm lange feine Streifen schneiden. Den Lauch putzen, waschen und ebenfalls in feine Streifen schneiden. Karotte und Lauch nacheinander in kochendem Salzwasser jeweils etwa 2 Minuten blanchieren, in ein Sieb abgießen und kalt abschrecken. Das Gemüse in einer Pfanne in der braunen Butter kurz erhitzen. Mit 1 Prise Chilisalz würzen.

6 Für die gedämpfte Forelle in den Dämpftopf etwa 2 cm hoch Wasser füllen. Ingwer, Lorbeer, Chili, Anis und Zitronenschale hineingeben. Den Dämpfeinsatz in den Topf setzen und mit Butter bepinseln. Die Forellenfilets waschen, trocken tupfen, jeweils dritteln und in den Dämpfeinsatz legen. Den Dämpfsud aufkochen, den Deckel auflegen, den Topf vom Herd nehmen und die Forellenfilets 2 Minuten garen. Die Filets mit brauner Butter bepinseln und mit Chilisalz würzen.

7 Kurz vor dem Servieren die Butter zu den Kartoffeln geben und den Dill darüberstreuen. Das Forellentatar mithilfe eines Metallrings (5 bis 6 cm Durchmesser) auf Tellern anrichten und nach Belieben mit Kräutern garnieren. Die Chips in Stücke brechen und in das Tatar stecken. Bratkartoffeln, Knoblauch-Ingwer-Sauce, Forellenfilets und je 1 EL Gemüse daneben anrichten.

Fisch

Gebratener Forellenstrudel mit gelbem Bohnensalat

Zutaten für 4 Personen
Für den Bohnensalat:
2 Schalotten
3 Tomaten
200 ml Gemüsebrühe
3–4 EL Weißweinessig
1 TL scharfer Senf
Salz · Pfeffer aus der Mühle
mildes Chilipulver · Zucker
5 EL mildes Olivenöl
500 g gelbe Stangenbohnen
(ersatzweise grüne Bohnen)
1 TL Bohnenkraut (frisch geschnitten)

Für den Forellenstrudel:
150 g Forellenfilet
Salz · ½ TL scharfer Senf
frisch geriebene Muskatnuss
150 g eiskalte Sahne
1 EL Dillspitzen (frisch geschnitten)
Chilisalz
150 g Lachsforellenfilet
8 Strudelteigblätter (aus dem Kühlregal; 15 x 15 cm)
2 EL flüssige braune Butter (siehe Tipp S. 30)
1–2 EL Öl

Für die Honig-Senf-Sauce:
100 g Crème fraîche
100 g Rahmjoghurt (10 % Fett)
2 EL Milch · 1 TL Honig
1 TL scharfer Senf
1 EL Dillspitzen (frisch geschnitten)
Salz · mildes Chilipulver

1 Für den Bohnensalat die Schalotten schälen und in feine Würfel schneiden. In kochendem Wasser einige Minuten blanchieren, in ein Sieb abgießen, kalt abbrausen und gut abtropfen lassen. Die Tomaten kreuzweise einritzen, überbrühen, kalt abschrecken, häuten, vierteln und entkernen. Das Fruchtfleisch in Stücke schneiden.

2 Die Brühe mit Essig und Senf in einen hohen Rührbecher geben und mit Salz, Pfeffer sowie je 1 Prise Chilipulver und Zucker würzen. Das Olivenöl nach und nach mit dem Stabmixer unterrühren.

3 Die Bohnen putzen, waschen, schräg in etwa 3 cm lange Stücke schneiden und in kräftig gesalzenem Wasser etwa 5 Minuten weich garen. In ein Sieb abgießen, abtropfen lassen und noch warm mit Marinade, Schalotten, Tomaten und Bohnenkraut mischen. Mindestens 3 Stunden durchziehen lassen.

4 Für den Forellenstrudel das Forellenfilet waschen, trocken tupfen und in Würfel schneiden. Mit Salz bestreuen und im Tiefkühlfach 5 Minuten anfrieren lassen. In den Blitzhacker geben und mit Senf und Muskatnuss würzen. Kurz anmixen, bis die Masse leicht zu binden beginnt. Die Sahne nach und nach untermixen, dabei darauf achten, dass die Sahne erst vollständig gebunden ist, bevor weitere Sahne hinzugefügt wird. Die Farce sollte glatt und glänzend sein.

5 Den Dill und 1 Prise Chilisalz unter die Farce rühren. Das Lachsforellenfilet waschen, trocken tupfen und in kleine Würfel schneiden. Die Fischwürfel unter die Farce mischen und diese gegebenenfalls etwas nachwürzen. Kühl stellen.

6 Vier Strudelteigblätter mit brauner Butter bestreichen und mit je einem zweiten Teigblatt belegen. Die Fischfarce entlang der Mitte 4 cm breit und etwa 2 cm hoch auftragen. Die Strudelteigenden darüber zusammenschlagen, den Teig an den beiden offenen Seiten zusammendrücken und bis auf 1 cm abschneiden.

7 Das Öl in einer Pfanne erhitzen, die Fischstrudel mit der Naht nach unten hineinlegen und bei milder Hitze 4 bis 5 Minuten hell anbraten. Wenden und auf der anderen Seite ebenfalls 4 bis 5 Minuten anbraten. Die Pfanne vom Herd nehmen und die Strudel in der Resthitze der Pfanne noch etwas nachziehen lassen.

8 Für die Honig-Senf-Sauce Crème fraîche, Joghurt, Milch, Honig, Senf und Dill verrühren, mit Salz und Chilipulver würzen. Die Strudel schräg halbieren und auf vorgewärmte Teller legen. Den Bohnensalat danebengeben und die Sauce darum herumträufeln.

Lachsforelle auf Apfel-Rahmwirsing

1 Für den Apfel-Rahmwirsing den Wirsing putzen, in einzelne Blätter teilen und die Blattrippen entfernen. Die Blätter waschen und in Rauten schneiden. In einem Topf reichlich Salzwasser aufkochen und den Wirsing darin 6 bis 8 Minuten garen. In ein Sieb angießen, kalt abschrecken, abtropfen lassen und das restliche Wasser gut mit den Händen herausdrücken.

2 Für die Lachsforelle den Backofen auf 80 °C vorheizen und ein Backblech mit Butter einfetten. Das Lachsforellenfilet waschen, trocken tupfen, in 8 Stücke schneiden und nebeneinander auf das Blech legen. Mit Frischhaltefolie bedecken und im Ofen auf der mittleren Schiene etwa 15 Minuten saftig durchziehen lassen.

3 Inzwischen den Apfel waschen, vierteln, entkernen und in ½ cm dicke Scheiben schneiden. Den Ingwer in feine Streifen schneiden. Den Puderzucker in einer großen Pfanne hell karamellisieren, die Apfelstücke darin auf beiden Seiten andünsten und 1 EL kalte Butter dazugeben.

4 Die Brühe mit der Sahne, dem Wirsing und dem Ingwer zum Apfel in die Pfanne geben und darin erhitzen. Die restliche kalte Butter, die braune Butter, Petersilie und Dill unterrühren und mit Salz, Pfeffer, 1 Prise Chilipulver und etwas Muskatnuss würzen. Warm halten.

5 Für die Lachsforelle den Knoblauch schälen und in Scheiben schneiden. Die braune Butter mit Vanilleschote, Ingwer- und Knoblauchscheiben sowie Zitronen- und Orangenschale bei milder Hitze erwärmen und mit Chilisalz würzen. Die Lachsforellenfilets damit bestreichen.

6 Den Apfel-Rahmwirsing auf vorgewärmte Teller verteilen und die Lachsforellenfiletstücke darauf anrichten.

Zutaten für 4 Personen

Für den Apfel-Rahmwirsing:
½ Wirsing · Salz
1 rotbackiger Apfel
1 EL eingelegter Ingwer (siehe S. 18)
1 TL Puderzucker
20 g kalte Butter
50 ml Gemüsebrühe
80 g Sahne
1 EL braune Butter
(siehe Tipp S. 30)
je 1–2 TL Petersilienblätter und
Dillspitzen (frisch geschnitten)
Pfeffer aus der Mühle
mildes Chilipulver
frisch geriebene Muskatnuss

Für die Lachsforelle:
Butter für das Blech
500 g Lachsforellenfilet
1 Knoblauchzehe
30 g braune Butter
¼ ausgekratzte Vanilleschote
3 Ingwerscheiben
je 1 Msp. abgeriebene Bio-Zitronen-
und Bio-Orangenschale
mildes Chilisalz

Mein Tipp:

Für eine »klassische« Variante können Sie den Wirsing statt mit eingelegtem Ingwer auch gut mit Sahnemeerrettich abschmecken.

Fisch

PICCATA VON DER LACHSFORELLE AUF RAHMSPINAT

Zutaten für 4 Personen

Für den Rahmspinat:
800 g junger Blattspinat
200 ml Gemüsebrühe
1 Knoblauchzehe
1 TL Ingwer (in feinen Würfeln)
450 g Sahne
30 g kalte Butter
20 g braune Butter
(siehe Tipp S. 30)
mildes Chilisalz
Pfeffer aus der Mühle
frisch geriebene Muskatnuss

Für die Lachsforelle:
2 Eier · 1 TL Dijon-Senf
80 g geriebener Parmesan
1 EL Mehl
1 TL Estragonblätter (frisch geschnitten)
Salz · Pfeffer aus der Mühle
frisch geriebene Muskatnuss
400 g Lachsforellenfilet
1–2 EL Öl

1 Für den Rahmspinat den Spinat verlesen und waschen. Die Brühe in einer großen tiefen Pfanne erhitzen und 600 g Spinat darin kurz zusammenfallen lassen. Den Knoblauch schälen, in feine Würfel schneiden und mit dem Ingwer zum Spinat geben.

2 Die Sahne angießen und nur kurz köcheln lassen. Spinat samt Flüssigkeit in einen hohen Rührbecher geben und mit dem Stabmixer fein pürieren, dabei die kalte Butter und die braune Butter untermixen. Den Spinat zurück in die Pfanne gießen und die restlichen Spinatblätter untermischen. Mit Chilisalz, Pfeffer und Muskatnuss würzen.

3 Für die Lachsforelle die Eier und den Senf in eine Schüssel geben und mit den Quirlen des Handrührgeräts schaumig schlagen. Den Parmesan mit dem Mehl mischen und unter die Eier rühren. Mit Estragon, Salz, Pfeffer und Muskatnuss würzen.

4 Das Lachsforellenfilet waschen, trocken tupfen und in 8 gleich große Stücke schneiden. Das Öl in einer Pfanne erhitzen. Die Fischstücke nacheinander durch die Ei-Parmesan-Masse ziehen, etwas abtropfen lassen und in der Pfanne bei milder Hitze auf jeder Seite 3 Minuten hell braten. Herausnehmen und auf Küchenpapier abtropfen lassen.

5 Den Rahmspinat auf vorgewärmte Teller verteilen und die Lachsforellen-Piccatas darauf anrichten. Nach Belieben mit Kräuterblättern garnieren.

MEIN TIPP:

Die Ei-Parmesan-Hülle bräunt besonders schnell, daher sollte nur bei sehr milder Hitze gebraten werden. So ist am Ende die Hülle goldbraun und das Fischfilet schön saftig durchgezogen.

Fleisch & Geflügel

Münchner Zwiebelfleisch vom Almochsen

Zutaten für 4 Personen
Für das Zwiebelfleisch:
2 Zwiebeln · ½ Karotte
120 g Knollensellerie
1 kg flache Rinderschulter
(Schaufelbug) · 2 EL Mehl
1 ½ EL Öl · 1 TL Puderzucker
1–2 EL Tomatenmark · 2 EL Cognac
350 ml kräftiger Rotwein
1 l Hühnerbrühe
1 TL Speisestärke
½ TL Pimentkörner
½ TL schwarze Pfefferkörner
1 Zimtsplitter
5 Wacholderbeeren (angedrückt)
2 kleine Lorbeerblätter
1 halbierte Knoblauchzehe
2 Scheiben Ingwer
1 Streifen Bio-Zitronenschale
40 g kalte Butter · mildes Chilisalz

Für das Selleriepüree:
350 g Knollensellerie
100 ml Gemüsebrühe · 60 g Sahne
20 g kalte Butter · 1 EL braune
Butter (siehe Tipp S. 30)
mildes Chilisalz
frisch geriebene Muskatnuss

Für die Zwiebel-Lauch-Streifen:
1 ½ Zwiebeln
¼ Stange Lauch (hellgrünes Stück)
1 EL braune Butter
50 ml Hühnerbrühe
getrockneter Majoran
gemahlener Kümmel
frisch geriebene Muskatnuss
1 Msp. abgeriebene Bio-Zitronenschale · mildes Chilisalz

1 Für das Zwiebelfleisch den Backofen auf 120 °C vorheizen. Zwiebeln, Karotte und Sellerie putzen und schälen. Alles in 1 cm große Würfel schneiden. Die Rinderschulter in 4 Scheiben schneiden und im Mehl wenden. In einer großen Pfanne 1 EL Öl erhitzen und die Fleischscheiben darin bei mittlerer Hitze auf beiden Seiten anbraten. Wieder herausnehmen.

2 Das restliche Öl in einer ofenfesten tiefen Pfanne erhitzen und die Zwiebeln darin bei mittlerer Hitze anbraten. Karotte und Sellerie dazugeben, den Puderzucker darüberstäuben und hell karamellisieren. Das Tomatenmark unterrühren und kurz mitrösten. Mit dem Cognac ablöschen und einköcheln lassen. Nach und nach je ein Drittel des Weins dazugeben und jeweils sämig einköcheln lassen. Die Brühe dazugießen und erhitzen. Die Speisestärke mit wenig kaltem Wasser glatt rühren und in die köchelnde Sauce rühren, bis diese leicht sämig bindet.

3 Die Rindfleischscheiben nebeneinander hineinlegen und mit einem passend rund geschnittenen Backpapier belegen. Im Ofen auf der untersten Schiene etwa 3 ½ Stunden weich schmoren. Nach 3 Stunden Piment- und Pfefferkörner, Zimt, Wacholderbeeren und Lorbeerblätter in die Sauce geben. Am Ende der Garzeit Knoblauch, Ingwer und Zitronenschale hinzufügen und einige Minuten mitziehen lassen.

4 Für das Selleriepüree den Sellerie putzen, schälen, in 1 cm große Würfel schneiden und in der Brühe zugedeckt etwa 20 Minuten weich garen. Den Sellerie mit dem Schaumlöffel herausheben und in einer Schüssel mit dem Stabmixer pürieren, dabei die Sahne hinzufügen. Die kalte Butter und die braune Butter untermixen und das Selleriepüree mit Chilisalz und 1 Prise Muskatnuss abschmecken.

5 Für die Zwiebel-Lauch-Streifen die Zwiebeln schälen und in dünne Streifen schneiden. Den Lauch putzen, waschen und in Streifen schneiden. Die Zwiebeln in einer Pfanne in der braunen Butter kurz andünsten. Mit der Brühe ablöschen und zugedeckt 4 bis 5 Minuten weich dünsten. Die Lauchstreifen dazugeben und etwa 2 Minuten mitdünsten. Das Gemüse mit je 1 Prise Majoran und Kümmel sowie Muskatnuss, Zitronenschale und Chilisalz abschmecken.

6 Die Fleischscheiben aus der Pfanne nehmen, die Sauce durch ein Sieb gießen und das Gemüse dabei etwas ausdrücken. Die kalte Butter unter die Sauce rühren, mit Chilisalz abschmecken und die Fleischscheiben wieder hineinlegen. Die Fleischscheiben mit der Sauce auf vorgewärmten Tellern anrichten. Die Zwiebel-Lauch-Streifen darauf anrichten und das Selleriepüree danebensetzen.

GEFÜLLTES ENTRECÔTE MIT KARTOFFELGRATIN

Zutaten für 4 Personen

Für das Kartoffelgratin:
Butter für die Form
1 kg vorwiegend festkochende Kartoffeln
1 kleine Knoblauchzehe
400 g Sahne
1 TL Thymianblättchen (frisch geschnitten)
Salz · Pfeffer aus der Mühle
frisch geriebene Muskatnuss

Für das Entrecôte:
100 g Pilze (z. B. Steinpilze oder Champignons)
2 Frühlingszwiebeln
1–2 EL braune Butter (siehe Tipp S. 30)
Salz · Pfeffer aus der Mühle
gemahlener Kümmel
1 Msp. Knoblauch (in feinen Würfeln) · ½ TL abgeriebene Bio-Zitronenschale · 1 TL Petersilienblätter (frisch geschnitten)
4 dünne Scheiben Rinderrücken (à 80–100 g)
Öl zum Klopfen

Für die Madeirasauce:
1 EL Madeira · ⅛ l Kalbsfond
½–1 TL Speisestärke
1 Knoblauchzehe (in Scheiben)
1 Scheibe Ingwer
1 Streifen Bio-Zitronenschale
1 Zweig Thymian
40 g kalte Butter
Pfeffer aus der Mühle

1 Für das Kartoffelgratin den Backofen auf 180 °C vorheizen. Eine ofenfeste Form mit Butter einfetten. Die Kartoffeln schälen, waschen und mit dem Gemüsehobel oder einem Messer in 2 mm dünne Scheiben hobeln oder schneiden. Den Knoblauch schälen und in feine Würfel schneiden. Die Kartoffelscheiben mit dem Knoblauch, der Sahne und dem Thymian mischen und mit Salz, Pfeffer und Muskatnuss würzen. Die Kartoffelmischung in die Form füllen und im Ofen auf der mittleren Schiene etwa 40 Minuten goldbraun backen.

2 Inzwischen für das Entrecôte die Pilze putzen, falls nötig, mit Küchenpapier trocken abreiben und in 3 bis 4 mm dicke Scheiben schneiden. Die Frühlingszwiebeln putzen, waschen und in feine Ringe schneiden. In einer Pfanne 1 bis 2 TL braune Butter erhitzen, Pilze und Frühlingszwiebeln darin bei mittlerer Hitze 2 bis 3 Minuten anbraten. Mit Salz, Pfeffer, 1 Prise Kümmel, dem Knoblauch und der Zitronenschale würzen, die Petersilie untermischen und alles etwas abkühlen lassen.

3 Die Fleischscheiben zwischen zwei Lagen geölter Frischhaltefolie mit der flachen Seite des Fleischklopfers gleichmäßig dünn klopfen. Mit Salz und Pfeffer würzen und das Pilzgemüse darauf verteilen. Die Fleischscheiben über dem Gemüse zusammenklappen, die Fleischseiten aneinanderdrücken und mit kleinen Holzspießen feststecken.

4 Eine Pfanne bei mittlerer Temperatur erhitzen und die restliche braune Butter mit einem Pinsel auf dem Pfannenboden verteilen. Die gefüllten Fleischscheiben darin auf jeder Seite 1 bis 2 Minuten anbraten und aus der Pfanne nehmen.

5 Für die Madeirasauce den Bratsatz mit dem Madeira ablöschen, den Fond angießen und auf die Hälfte einköcheln lassen. Die Speisestärke mit wenig kaltem Wasser glatt rühren und in die köchelnde Sauce rühren. Knoblauch, Ingwer, Zitronenschale und Thymian dazugeben und einige Minuten darin ziehen lassen. Die Gewürze wieder entfernen und die Butter in Stücken in die Sauce rühren. Mit Pfeffer und gegebenenfalls Salz würzen, die Sauce nicht mehr kochen lassen. Die gefüllten Entrecôtestücke hineinlegen und in der Sauce wenden.

6 Das Kartoffelgratin auf vorgewärmte Teller verteilen, das gefüllte Entrecôte daneben anrichten und mit der Madeirasauce beträufeln.

Geschmortes Rinderbackerl mit Kartoffel-Endivien-Püree

1 Für die Rinderbackerl die Zwiebeln, den Sellerie und die Karotte putzen, schälen und in etwa 1 cm große Würfel schneiden. Die Rinderbackerl einrollen und mit Küchengarn (wie Rouladen) zusammenbinden. Das Öl in einer Pfanne erhitzen und die Backerl darin bei mittlerer Hitze rundum anbraten. Wieder herausnehmen, den Bratsatz mit etwa 100 ml Brühe ablösen und für die Sauce beiseitestellen.

2 Den Puderzucker in einem Schmortopf bei mittlerer Hitze hell karamellisieren. Zwiebeln, Sellerie und Karotte darin etwa 5 Minuten dünsten. Das Tomatenmark dazugeben und kurz mitrösten. Nach und nach je ein Drittel des Weins dazugeben und jeweils sämig einköcheln lassen. Die restliche Brühe dazugießen und erhitzen.

3 Die Speisestärke mit wenig kaltem Wasser glatt rühren, unter die köchelnde Sauce rühren und einmal aufkochen lassen. Die Rinderbackerl hineinlegen, den beiseitegestellten Bratsatz hinzufügen und den Deckel so auflegen, dass noch ein Spalt offen bleibt. Die Rinderbackerl knapp unter dem Siedepunkt 3 ½ Stunden weich garen. Etwa 45 Minuten vor Ende der Garzeit Piment- und Pfefferkörner, Zimt, Wacholderbeeren, Lorbeerblatt, Sternanis, Knoblauch und Ingwer hinzufügen.

4 Die Rinderbackerl herausnehmen und die Sauce durch ein Sieb in einen Topf gießen, dabei das Gemüse etwas ausdrücken. Die Sauce etwas einköcheln lassen, dann die Schokolade und die Butter unterrühren. Die Zitrusschalen hinzufügen, kurz ziehen lassen und die Sauce mit dem Essig abschmecken. Die Zitrusschalen wieder entfernen und die Sauce mit Salz und Pfeffer würzen. Von den Rinderbackerln das Garn entfernen und das Fleisch in der Sauce warm halten.

5 Für das Püree die Kartoffeln gründlich waschen und mit der Schale in Salzwasser mit dem Kümmel weich garen. Abgießen, ausdampfen lassen, möglichst heiß pellen und durch die Kartoffelpresse drücken. Die Milch mit Chilisalz und Muskatnuss würzen und mit einem Kochlöffel unter die Kartoffelmasse rühren. Die braune Butter untermischen. Die Endivienblätter waschen, trocken tupfen, in dünne Streifen schneiden und mit der Petersilie unter das Püree rühren.

6 Die Karotten putzen und schälen. Die Frühlingszwiebeln putzen, waschen und längs halbieren. Die Karotten mit Brühe, Lorbeer, Ingwer und Knoblauch in einem kleinen Topf zugedeckt etwa 8 Minuten dünsten. Die Frühlingszwiebeln dazugeben und 3 Minuten mitdünsten. Mit Chilisalz, geriebenem Zimt und 1 Prise Muskatnuss würzen.

7 Die Rinderbackerl in Scheiben schneiden, mit der Sauce, dem Püree und dem Gemüse auf Tellern anrichten und mit dem Speck garnieren.

Zutaten für 4 Personen

Für die Rinderbackerl:
2 Zwiebeln · 100 g Knollensellerie
1 kleine Karotte · 4 große Rinderbackerl (à 350 g; küchenfertig)
1 TL Öl · 1 l Hühnerbrühe
1 EL Puderzucker · 1–2 EL Tomatenmark · 350 ml kräftiger Rotwein
1 TL Speisestärke · ½ TL Pimentkörner · 1 TL schwarze Pfefferkörner
3 Zimtsplitter · ½ TL Wacholderbeeren (angedrückt) · 1 Lorbeerblatt
1 Zacken Sternanis · 1 halbierte Knoblauchzehe · 3 Scheiben Ingwer
½ TL gehackte Zartbitterschokolade
40 g kalte Butter (in Stücken)
je 1 Streifen Bio-Zitronen- und Bio-Orangenschale · 1 EL Gewürzessig (siehe S. 13; ersatzweise Apfelbalsamico) · Salz · Pfeffer aus der Mühle

Für das Kartoffel-Endivien-Püree:
1 kg mehligkochende Kartoffeln
Salz · ½ TL ganzer Kümmel
¼ l heiße Milch · mildes Chilisalz
frisch geriebene Muskatnuss
2 EL braune Butter (siehe Tipp S. 30)
2 große Endivienblätter · 1 EL Petersilienblätter (frisch geschnitten)

Außerdem:
12 Baby-Karotten · 1 Bund Frühlingszwiebeln (nur das Weiße)
100 ml Gemüsebrühe · 1 Lorbeerblatt · 2 Scheiben Ingwer
1 halbierte Knoblauchzehe · mildes Chilisalz · 1 Stück Zimtrinde · frisch geriebene Muskatnuss · 4 Scheiben Frühstücksspeck (knusprig gebraten)

Gefüllter Kalbsrücken mit Apfel-Spitzkraut

Zutaten für 4 Personen

Für das Apfel-Spitzkraut:
1 kleiner Spitzkohl (ca. 800 g)
1 Zwiebel · 1 TL Puderzucker
150 ml Hühnerbrühe · 1 Apfel
1 TL Petersilienblätter (frisch geschnitten) · gemahlener Kümmel
frisch geriebene Muskatnuss
1 Msp. abgeriebene Bio-Zitronenschale · 1 EL braune Butter (siehe Tipp S. 30) · mildes Chilisalz

Für den Kalbsrücken:
12 Kalbsrückenscheiben (à 25–30 g)
Öl zum Klopfen · mildes Chilisalz
12 Kalbsleberscheiben (à 10–15 g, 3–4 mm dick und 4 x 2½ cm groß)
3–4 EL gemischte Kräuterblätter (z. B. Basilikum, Dill, Kerbel, Petersilie, Staudensellerie; frisch geschnitten)
½–1 TL Öl · 1 EL Sherry
⅛ l Hühnerbrühe
1 Knoblauchzehe (in Scheiben)
2 Scheiben Ingwer
1 Msp. abgeriebene Bio-Zitronenschale · getrockneter Majoran
1 Zweig Majoran · gemahlener Kümmel · 1 EL kalte Butter

Für den geräucherten Joghurtdip:
¼ TL scharfes Räucherpaprikapulver (z. B. Piment La Vera picante)
1 EL warme Hühnerbrühe
150 g Rahmjoghurt (10 % Fett)
1 TL Dillspitzen (frisch geschnitten)
1 Msp. abgeriebene Bio-Zitronenschale · mildes Chilisalz

1 Für das Apfel-Spitzkraut vom Spitzkohl die äußeren Blätter und den Strunk entfernen. Die Blätter in 1 bis 2 cm große Rauten schneiden. Die Zwiebel schälen und in feine Würfel schneiden.

2 Die Zwiebelwürfel in einer Pfanne ohne Fett bei mittlerer Temperatur erhitzen. Den Puderzucker darüberstäuben und die Zwiebel darin andünsten. Den Spitzkohl dazugeben, einige Minuten mitdünsten, mit der Brühe ablöschen und alles 5 bis 6 Minuten ziehen lassen.

3 Den Apfel vierteln, schälen, entkernen und in ½ bis 1 cm große Würfel schneiden. Die Petersilie, je 1 Prise Kümmel und Muskatnuss, die Zitronenschale und die Apfelwürfel zum Kraut geben. Zum Schluss die braune Butter untermischen und mit Chilisalz würzen.

4 Für den Kalbsrücken die Kalbsrückenscheiben zwischen zwei Lagen geölter Frischhaltefolie mit der flachen Seite des Fleischklopfers dünn klopfen. Nebeneinander auf die Arbeitsfläche legen und die Oberseite mit Chilisalz würzen. Die Leberscheiben (etwa halb so groß wie die Fleischscheiben) in den Kräutern wenden, jeweils auf eine Hälfte einer Kalbsrückenscheibe legen und die andere Hälfte darüberklappen. Mit Rouladennadeln oder kleinen Holzspießen feststecken.

5 Eine Pfanne bei mittlerer Temperatur erhitzen, das Öl mit einem Pinsel auf dem Pfannenboden verteilen und die gefüllten Fleischscheiben darin auf jeder Seite 1½ bis 2 Minuten braten. Aus der Pfanne nehmen und beiseitestellen.

6 Den Bratsatz mit dem Sherry und der Brühe ablöschen. Den Knoblauch, den Ingwer, die Zitronenschale, 1 Prise getrockneten Majoran und den frischen Majoran sowie 1 Prise Kümmel dazugeben. Die Pfanne vom Herd nehmen und die kalte Butter in die Sauce rühren.

7 Die gefüllten Kalbsrückenscheiben in die Sauce legen und darin knapp unter dem Siedepunkt 2 bis 3 Minuten gar ziehen lassen. Die Rouladennadeln entfernen.

8 Für den geräucherten Joghurtdip zuerst das Paprikapulver mit der Brühe verrühren, dann den Joghurt mit der Gewürzbrühe glatt rühren. Den Dill und die Zitronenschale untermischen und den Dip mit Chilisalz würzen.

9 Das Apfel-Spitzkraut auf vorgewärmte Teller verteilen, die gefüllten Kalbsrückenscheiben darauf anrichten und den geräucherten Joghurtdip darum herumträufeln.

Rinderlende mit Pilz-Kartoffel-Gröstl

Zutaten für 4 Personen
Für das Pilz-Kartoffel-Gröstl:
400 g kleine festkochende
Kartoffeln · Salz
80 g Champignons
2 Frühlingszwiebeln
1 EL braune Butter
(siehe Tipp S. 30)
1 Knoblauchzehe (in Scheiben)
2 Scheiben Ingwer
mildes Chilisalz
gemahlener Kümmel
1 Msp. abgeriebene Bio-
Zitronenschale
1 EL gemischte Kräuterblätter
(z. B. Dill, Kerbel, Petersilie;
frisch geschnitten)
1 EL kalte Butter

Für die Rinderlende:
1–2 TL braune Butter
8 dünne Rinderrückenscheiben
(à ca. 70 g)
80 ml Hühnerbrühe
½ TL mildes Currypulver
50 g Kräuterbutter (siehe S. 10)

1 Für das Pilz-Kartoffel-Gröstl die Kartoffeln gründlich waschen und mit der Schale in Salzwasser etwa 20 Minuten weich garen. Abgießen, kurz ausdampfen lassen, möglichst heiß pellen und in etwa ½ cm dicke Scheiben schneiden.

2 Die Champignons putzen, falls nötig, mit Küchenpapier trocken abreiben und halbieren. Die Frühlingszwiebeln putzen, waschen und in feine Ringe schneiden.

3 Die braune Butter in einer großen Pfanne erhitzen und die Kartoffelscheiben darin auf beiden Seiten goldbraun braten. Die Champignons und die Frühlingszwiebeln mit dem Knoblauch und dem Ingwer dazugeben und 1 bis 2 Minuten mitbraten. Mit Chilisalz, 1 Prise Kümmel und der Zitronenschale würzen, die Kräuter dazugeben und die Butter hinzufügen. Den Ingwer wieder entfernen.

4 Für die Rinderlende eine große Pfanne bei mittlerer Temperatur erhitzen und die braune Butter mit einem Pinsel auf dem Pfannenboden verteilen. Die Fleischscheiben darin portionsweise auf jeder Seite 1 bis 2 Minuten anbraten und wieder herausnehmen.

5 Den Bratsatz mit der Brühe ablöschen, das Currypulver hineinstreuen und die Kräuterbutter unterrühren, dabei die Sauce nicht mehr kochen lassen. Die Rinderlendenscheiben darin wenden und nach Belieben mit etwas Chilisalz würzen.

6 Die Rinderlendenscheiben mit dem Pilz-Kartoffel-Gröstl auf vorgewärmten Tellern anrichten und mit der Curry-Kräuterbutter beträufeln.

Mein Tipp:

Im Sommer, wenn die meisten Kräuter Saison haben, können Sie als Beilage zu dem Gericht einen Wildkräutersalat servieren.

Kalbsschnitzel auf Tomatenpfeffer

1 Die Kalbsschnitzel zwischen zwei Lagen geölter Frischhaltefolie mit der flachen Seite des Fleischklopfers dünn klopfen.

2 Die Tomaten waschen und in 1½ bis 2 cm große Stücke schneiden, dabei die Stielansätze entfernen. Die Frühlingszwiebeln putzen, waschen und in feine Ringe schneiden. Den Knoblauch schälen und in feine Würfel schneiden.

3 Eine große Pfanne bei mittlerer Temperatur erhitzen und 1 TL Olivenöl mit einem Pinsel auf dem Pfannenboden verteilen. Die Schnitzel darin auf jeder Seite etwa 1 Minute anbraten, wieder aus der Pfanne nehmen und beiseitestellen.

4 Die Tomaten und die Frühlingszwiebeln in die Pfanne geben, den Knoblauch dazugeben, mit Salz und der Pfeffermischung würzen und alles erhitzen. Das restliche Olivenöl, die kalte Butter und das Basilikum dazugeben und gegebenenfalls nachwürzen.

5 Die Schnitzel wieder dazugeben und nochmals kurz erhitzen. Die Kalbsschnitzel mit dem Tomatenpfeffer auf vorgewärmten Tellern anrichten. Dazu passt knuspriges Weißbrot oder frisches Bauernbrot.

Zutaten für 4 Personen

12 kleine Kalbsschnitzel
(à 45 – 50 g)
Öl zum Klopfen
6 Tomaten
2 Frühlingszwiebeln
1 Knoblauchzehe
2 EL Olivenöl
Salz
½ TL 7er-Pfeffer-Mischung
(je 1 Prise gemahlener schwarzer Pfeffer, grüner Pfeffer, Piment, Sichuanpfeffer, Kubebenpfeffer, Rosa Pfefferbeeren sowie Chiliflocken)
1 EL kalte Butter
1–2 EL Basilikumblätter (frisch geschnitten)

Mein Tipp:

Die 7er-Pfeffer-Mischung ist ein Gewürzmix aus sieben verschiedenen »Pfeffersorten«, wobei nur der schwarze und der grüne Pfeffer als echte Pfeffersorten gelten. Es gibt die Mischung auch fertig zu kaufen.

Fleisch & Geflügel

GEFÜLLTE KALBSBRUST MIT KOPFSALAT IN RADIESERL-KRÄUTER-VINAIGRETTE

Zutaten für 6–8 Personen

Für die Kalbsbrust:

1 TL Puderzucker
2 EL Tomatenmark
¼ l Rotwein
½ l Hühnerbrühe
2 Karotten
200 g Knollensellerie
3 Zwiebeln
2 kg Milchkalbsbrust · 1 TL Öl
3 Scheiben Ingwer
2 Knoblauchzehen (in Scheiben)
1 Lorbeerblatt
2 cm Vanilleschote
5 Pimentkörner
2 Zimtsplitter
½ TL schwarze Pfefferkörner
2 Streifen Bio-Zitronenschale
Salz · Pfeffer aus der Mühle
1 Zweig Rosmarin
1 TL Speisestärke · mildes Chilisalz

Für die Füllung:

200 g Laugenstangen (vom Vortag)
½ Zwiebel · Salz · 200 ml Milch
2 Eier · mildes Chilisalz · frisch geriebene Muskatnuss · 1 EL Petersilienblätter (frisch geschnitten)
1 TL abgeriebene Bio-Zitronenschale

Für den Kopfsalat:

1 Kopfsalat
2 Handvoll gemischte Kräuter (z. B. Basilikum, Dill, Kerbel, Petersilie, Schnittlauch)
6 Radieschen · 2 EL Zitronensaft
mildes Chilisalz · 2 EL Olivenöl

1 Für die Kalbsbrust den Puderzucker in einem Topf karamellisieren. Das Tomatenmark dazugeben und kurz anrösten. Nach und nach je ein Drittel des Weins dazugeben und jeweils sämig einköcheln lassen. Die Brühe dazugießen und erhitzen.

2 Die Karotten und den Sellerie putzen, schälen und in 1 bis 1½ cm große Würfel schneiden. Die Zwiebeln schälen und in kleine Würfel schneiden. Das Gemüse in einem Bräter ohne Fett andünsten. Den Saucenansatz hinzufügen. Den Backofen auf 150 °C vorheizen.

3 Für die Füllung die Laugenstangen in etwa 1 cm große Würfel schneiden und in eine Schüssel geben. Die Zwiebel schälen, in feine Würfel schneiden und in kochendem Salzwasser etwa 2 Minuten blanchieren. Die Milch erwärmen und mit den Eiern verquirlen. Mit Chilisalz und 1 Prise Muskatnuss würzen, Petersilie und Zitronenschale mit dem Schneebesen unterrühren. Die Eiermischung über die Laugenstangenwürfel gießen, alles mischen und kurz ziehen lassen.

4 In die Kalbsbrust mit einem scharfen Messer vorsichtig eine Tasche einschneiden und diese mit der Brotmasse füllen (jedoch nicht zu voll, da sich das Fleisch beim Garen noch zusammenzieht und die Füllung sich etwas ausdehnt; gegebenenfalls übrige Füllung zu Pflanzerln formen, in Butter auf beiden Seiten goldbraun braten und als Beilage servieren). Die Kalbsbrust mit Rouladennadeln verschließen oder mit Küchengarn zunähen.

5 Die Kalbsbrust in einer Pfanne im Öl bei mittlerer Hitze rundum anbraten. In den Bräter auf das Gemüse setzen und im Ofen auf der mittleren Schiene etwa 3 Stunden schmoren, dabei mehrmals mit dem Schmorsud begießen. Etwa 45 Minuten vor Ende der Garzeit Ingwer, Knoblauch und Gewürze dazugeben. Den Rosmarin kurz vor Ende der Garzeit dazugeben und noch ein paar Minuten mitziehen lassen.

6 Die Kalbsbrust aus dem Bräter nehmen und warm halten. Die Sauce durch ein Sieb gießen, das Gemüse entfernen. Die Speisestärke mit wenig kaltem Wasser glatt rühren, in die Sauce rühren und 2 Minuten leicht köcheln lassen. Mit Chilisalz abschmecken.

7 Für den Kopfsalat den Salat putzen, waschen, trocken schleudern und in Stücke zupfen. Die Kräuter waschen, trocken schleudern, grob schneiden und mit dem Salat mischen. Die Radieschen putzen, waschen, in Scheiben hobeln und mit Zitronensaft, Chilisalz und Olivenöl marinieren. Zum Salat geben und alles mischen. Die Sauce auf Teller verteilen, die Kalbsbrust in Scheiben schneiden und darauf anrichten. Den Salat in Schälchen verteilen und dazu reichen.

SCHWEINEKOTELETT AUF GARTENGEMÜSE MIT APFEL-SENFKÖRNER-JOGHURT

Zutaten für 4 Personen

Für das Schweinekotelett:
4 Schweinekoteletts (à 250 g)
1 TL Öl · mildes Chilisalz
30 g Gratinierbutter (siehe S. 10)

Für das Gartengemüse:
150 g breite grüne Bohnen · Salz
150 g Cocktailtomaten
1 Bund Frühlingszwiebeln
2 große Karotten
1 Kohlrabi
100 ml Hühnerbrühe
1 Knoblauchzehe (in Scheiben)
2 Scheiben Ingwer
1 Streifen Bio-Zitronenschale
3 cm Vanilleschote
mildes Chilisalz
getrocknetes Bohnenkraut
1 EL braune Butter
(siehe Tipp S. 30)

Für den Apfel-Senfkörner-Joghurt:
50 ml Apfelsaft
2 TL gelbe Senfkörner
2 Scheiben Ingwer
1 Knoblauchzehe (in Scheiben)
2 cm Zimtrinde
1 Lorbeerblatt
½ kleiner Apfel
1 TL Apfelgelee
150 g Rahmjoghurt (10 % Fett)
1 TL süßer Senf · 2 TL Dijon-Senf
je 1 Msp. abgeriebene Bio-Zitronen-
und Bio-Orangenschale

1 Für das Schweinekotelett den Backofen auf 100 °C vorheizen. Ein Ofengitter auf die mittlere Schiene und darunter ein Abtropfblech schieben. Die Schweinekoteletts waschen und trocken tupfen. Das Öl in einer Pfanne erhitzen und die Koteletts darin bei mittlerer Hitze auf beiden Seiten und den Rändern braun braten. Auf das Gitter im Ofen legen und je nach Dicke 30 bis 45 Minuten saftig durchziehen lassen.

2 Inzwischen für das Gartengemüse die Bohnen putzen, waschen und schräg in etwa 3 cm lange rautenförmige Stücke schneiden. In kochendem Salzwasser etwa 6 Minuten blanchieren. In ein Sieb abgießen, kalt abschrecken und abtropfen lassen.

3 Die Cocktailtomaten waschen. Die Frühlingszwiebeln putzen (dabei das Grün weitgehend entfernen), waschen und in 4 cm lange Stücke schneiden. Die Karotten und den Kohlrabi putzen und schälen. Die Karotten in Scheiben, den Kohlrabi in dünne Spalten schneiden.

4 Die Karotten und den Kohlrabi in der Brühe mit Knoblauch, Ingwer, Zitronenschale und Vanilleschote weich dünsten. Die Frühlingszwiebeln und die Cocktailtomaten dazugeben und kurz mitdünsten. Zum Schluss die Bohnen hinzufügen und das Gemüse mit Chilisalz, 1 Prise Bohnenkraut und der braunen Butter abschmecken.

5 Für den Apfel-Senfkörner-Joghurt den Apfelsaft mit Senfkörnern, Ingwer, Knoblauch, Zimt und Lorbeerblatt in einen kleinen Topf geben, erhitzen und etwa 5 Minuten köcheln lassen. In ein Sieb abgießen und abtropfen lassen, dabei den Sud auffangen. Die Gewürze, bis auf die Senfkörner, entfernen.

6 Den Apfel entkernen und in sehr kleine Würfel schneiden. Das Apfelgelee in einem Topf bei milder Hitze erwärmen, die Senfkörner und etwa 1 EL vom Gewürzsud unterrühren. Den Joghurt mit beiden Senfsorten sowie der Zitronen- und Orangenschale glatt rühren. Die Apfelstücke und die Apfelgelee-Senfkörner-Mischung unterrühren.

7 Die Koteletts auf ein mit Backpapier belegtes Backblech legen und mit Chilisalz würzen. Die Gratinierbutter in dünne Scheiben schneiden, die Koteletts damit belegen und unter dem Backofengrill auf der untersten Schiene einige Minuten goldbraun gratinieren.

8 Das Gartengemüse auf vorgewärmte Teller verteilen, die Schweinekoteletts daneben anrichten und den Apfel-Senfkörner-Joghurt darum herumträufeln oder getrennt dazu servieren. Nach Belieben mit je 1 kleinen Rosmarinzweig garnieren.

Fleisch & Geflügel

GEGRILLTE WEISSWURST AUF CHILI-RAHMKRAUT

Zutaten für 4 Personen
Für das Chili-Rahmkraut:
½ Zwiebel
50 ml Gemüsebrühe
1 TL Puderzucker
50 ml Weißwein
400 g Sauerkraut (aus der Dose)
1 Lorbeerblatt
je ½ TL Korianderkörner und Wacholderbeeren, schwarze Pfeffer- und Pimentkörner
1–2 EL Apfelmus
3 EL Sahne · Salz
½ TL milde Chiliflocken
½ TL mildes Currypulver
Zucker · 20 g kalte Butter

Für das Kartoffelpüree:
800 g mehligkochende Kartoffeln
Salz · ½ TL ganzer Kümmel
200 ml Milch
1 EL kalte Butter
20 g braune Butter
(siehe Tipp S. 30)
frisch geriebene Muskatnuss

Außerdem:
4 Weißwürste
1 TL Öl

1 Für das Chili-Rahmkraut die Zwiebel schälen und in feine Würfel schneiden. Die Brühe in einem Topf erhitzen und die Zwiebel darin dünsten, bis die Flüssigkeit verdampft ist. Den Puderzucker über die Zwiebel stäuben und leicht karamellisieren. Mit dem Wein ablöschen und auf ein Drittel einkochen lassen.

2 Das Sauerkraut dazugeben und kurz mitdünsten. Das Lorbeerblatt, die Korianderkörner, Wacholderbeeren, Pfeffer- und Pimentkörner in ein Gewürzsäckchen füllen, das Säckchen verschließen und zum Kraut geben. Das Sauerkraut zugedeckt 30 Minuten köcheln lassen.

3 Inzwischen für das Kartoffelpüree die Kartoffeln gründlich waschen und mit der Schale in Salzwasser mit dem Kümmel etwa 25 Minuten weich garen. Die Kartoffeln abgießen, kurz ausdampfen lassen, möglichst heiß pellen und noch warm durch die Kartoffelpresse drücken. Die Milch erhitzen und mit einem Kochlöffel unter die Kartoffelmasse rühren, die Butter und die braune Butter untermischen. Das Püree mit Salz und Muskatnuss würzen.

4 Das Gewürzsäckchen wieder aus dem Sauerkraut entfernen und das Apfelmus und die Sahne untermischen. Mit Salz, Chiliflocken, Currypulver und 1 Prise Zucker würzen. Zuletzt die Butter unterrühren.

5 Für die Weißwürste die Haut der Weißwürste schräg im Abstand von etwa 1 cm einschneiden. Das Öl in einer Grillpfanne erhitzen und die Weißwürste bei mittlerer Hitze auf beiden Seiten knusprig braun grillen (siehe Tipp). Die gegrillten Weißwürste mit dem Chili-Rahmkraut und dem Kartoffelpüree auf vorgewärmten Tellern anrichten.

MEIN TIPP:
Im Sommer kann man die Weißwürste auch auf einem Holzkohlegrill zubereiten. Und für alle, die selbst im Winter nicht aufs Grillen verzichten möchten, bieten sich die sogenannten Indoor-Grills an.

ÜBERBACKENER LAMMRÜCKEN AUF KNOBLAUCH-OREGANO-SAUCE

1 Für den Lammrücken die Gratinierbutter, wie auf Seite 10 beschrieben, zubereiten, dabei die Pfeffermischung unterrühren. Bis zur Verwendung kühl stellen. Für das Bohnen-Tomaten-Gemüse die Bohnen putzen, waschen und schräg in etwa 1½ cm breite Stücke schneiden. In kochendem Salzwasser blanchieren, in ein Sieb abgießen, kalt abschrecken und abtropfen lassen. Die Tomaten waschen und halbieren.

2 Für die Knoblauch-Oregano-Sauce die Brühe in einem Topf erhitzen. Die Kartoffel- und Karottenwürfel darin mit dem Lorbeerblatt und der Chilischote knapp unter dem Siedepunkt weich garen.

3 Inzwischen den Backofen auf 100 °C vorheizen. Ein Ofengitter auf die mittlere Schiene und darunter ein Abtropfblech schieben. Den Lammrücken quer halbieren. Das Öl in einer Pfanne erhitzen und das Fleisch darin bei mittlerer Hitze rundum anbraten. Aus der Pfanne nehmen und im Ofen auf dem Gitter etwa 25 Minuten garen.

4 Lorbeerblatt und Chilischote aus der Kartoffel-Karotten-Brühe entfernen. Sahne, Knoblauch und Ingwer hinzufügen und mit dem Stabmixer zu einer glatten Sauce pürieren. Oregano und 1 Prise Kümmel unterrühren und die Sauce mit Salz, 1 Prise Chilipulver und Muskatnuss abschmecken. Zum Schluss die kalte Butter unterrühren.

5 Das Fleisch aus dem Ofen nehmen. Den Backofengrill einschalten. Das Lammfleisch auf das Blech legen, die Gratinierbutter in Scheiben schneiden und das Fleisch dicht damit belegen. Unter dem Backofengrill auf der untersten Schiene etwa 5 Minuten goldbraun überbacken.

6 Die Bohnen mit Knoblauch, Ingwer und Zitronenschale in der Brühe erhitzen, die Tomaten mit dem Dill untermischen und erwärmen. Die kalte Butter und die braune Butter dazugeben und das Gemüse mit Chilisalz und Pfeffer würzen.

7 Die Knoblauch-Oregano-Sauce auf vorgewärmte Teller verteilen. Das Fleisch schräg in 2 cm breite Stücke schneiden und mit dem Bohnen-Tomaten-Gemüse auf der Sauce anrichten (Rezeptfoto siehe S. 70/71).

Zutaten für 4 Personen
Für den Lammrücken:
1 Rezept Gratinierbutter (siehe S. 10)
1 TL 7er-Pfeffer-Mischung (siehe Tipp S. 79) · 500 g Lammrücken (ausgelöst) · 1–2 TL Öl

Für das Bohnen-Tomaten-Gemüse:
300 g breite Bohnen · Salz
150 g Cocktailtomaten
1 Knoblauchzehe (in Scheiben)
2 Scheiben Ingwer · 1 Streifen Bio-Zitronenschale · 3 EL Gemüsebrühe
2 TL Dillspitzen (frisch geschnitten)
1 EL kalte Butter · 1 EL braune Butter (siehe Tipp S. 30) · mildes Chilisalz · Pfeffer aus der Mühle

Für die Knoblauch-Oregano-Sauce:
¼ l Hühnerbrühe · 2–3 EL Kartoffelwürfel · 1 EL Karottenwürfel
½ kleines Lorbeerblatt · ½ kleine rote Chilischote · 40 g Sahne
2 geriebene Knoblauchzehen
½ TL geriebener Ingwer
½ TL getrockneter Oregano
gemahlener Kümmel · Salz
mildes Chilipulver · frisch geriebene Muskatnuss · 20 g kalte Butter

MEIN TIPP:

Ein besonderer Hingucker wird das Gericht, wenn Sie statt ausgelöstem Lammrücken 2 Lammkarrees (à 300–350 g; küchenfertig) verwenden. Die Garzeit im Ofen verlängert sich dann auf 35 Minuten.

Fleisch & Geflügel

Gebackene Lammbrust auf Salat von Wurzelgemüse

Zutaten für 4 Personen
Für die Lammbrust:
1 Lammbrust (ca. 1,3 kg; mit Knochen) · ½ Zwiebel (gespickt mit 1 Lorbeerblatt und 3 Gewürznelken) 5 Scheiben Ingwer · 1 TL schwarze Pfefferkörner · 1 TL Fenchelsamen ½ Zimtrinde · 1 TL Korianderkörner 1 rote Chilischote · 3 Streifen Bio-Orangenschale · 80 g doppelgriffiges Mehl (Wiener Grießler) · 2 Eier 1 TL Dijon-Senf · 1 TL Zatar (aus dem Gewürzeladen; ersatzweise siehe Tipp) · 1 EL Olivenöl · mildes Chilisalz · 1 Msp. abgeriebene Bio-Zitronenschale · 1 geriebene Knoblauchzehe · frisch geriebene Muskatnuss · 80 g Weißbrotbrösel Öl zum Braten · 1 Spritzer Zitronensaft

Für den Wurzelgemüsesalat und die Safranmayonnaise:
je 1 kleine gelbe und orangefarbene Karotte · 1 kleine Petersilienwurzel 1 Stange Staudensellerie ⅛ l Gemüsebrühe · 2 Lorbeerblätter 1 halbierte Knoblauchzehe 2 Scheiben Ingwer 1 Streifen Bio-Orangenschale Zucker · mildes Chilisalz 2 EL Balsamico bianco 3 EL Olivenöl · 8 Safranfäden 3 EL Mayonnaise (siehe S. 12) 1 EL saure Sahne · 1 Msp. geriebener Knoblauch · frisch geriebene Muskatnuss · 1 Msp. abgeriebene Bio-Orangenschale

1 Für die Lammbrust in einem großen Topf oder einem Bräter reichlich Wasser erhitzen. Die Lammbrust mit der gespickten Zwiebel, Ingwer, Pfeffer, Fenchel, Zimt, Koriander und Chilischote hineingeben und knapp unter dem Siedepunkt etwa 2½ Stunden gar ziehen lassen. Etwa 10 Minuten vor Ende der Garzeit die Orangenschale dazugeben.

2 Inzwischen für den Wurzelgemüsesalat Karotten und Petersilienwurzel putzen, schälen, längs halbieren und schräg in 1½ bis 2 cm große Stücke schneiden. Den Sellerie putzen, waschen und schräg in ½ bis 1 cm breite Scheiben schneiden. Das Gemüse in einem Topf in der Brühe mit den ganzen Gewürzen 6 bis 8 Minuten weich dämpfen. Das Gemüse in ein Sieb abgießen, dabei den Sud auffangen. Den Sud mit 1 Prise Zucker, Chilisalz, Essig und Olivenöl verrühren. Das Gemüse untermischen und etwa 1 Stunde durchziehen lassen.

3 Für die Safranmayonnaise die Safranfäden in 1 EL lauwarmen Wasser 10 Minuten einweichen. Die Mayonnaise mit saurer Sahne, Safran, Knoblauch, 1 Prise Muskatnuss und der Orangenschale verrühren und mit Chilisalz würzen.

4 Die Lammbrust aus dem Topf nehmen, etwas abkühlen lassen und die Knochen entfernen. Das Fleisch trocken tupfen, in 1 cm breite Scheiben und diese in 2 bis 3 cm große Stücke schneiden. Das Mehl mit Eiern, Senf, Zatar, Olivenöl, Chilisalz, Zitronenschale, Knoblauch und 1 Prise Muskatnuss mischen. Die Fleischstücke in der Mehl-Eier-Mischung wenden, dann in den Weißbrotbröseln panieren.

5 In einer tiefen Pfanne so viel Öl erhitzen, dass der Boden bedeckt ist. Die Lammstücke darin bei mittlerer Hitze rundum goldbraun braten. Herausnehmen, auf Küchenpapier abtropfen lassen und mit Chilisalz sowie Zitronensaft würzen.

6 Den Wurzelgemüsesalat auf einem Sieb abtropfen lassen und auf Teller verteilen. Die gebackenen Lammbruststücke darauflegen und die Safranmayonnaise darum herumziehen oder dazu servieren.

Mein Tipp:

Zatar ist eine Gewürz-Kräuter-Mischung, die ihren Ursprung im Orient hat. Für 1 gehäuften EL Zatar mischen Sie 1 TL geröstete Sesamsamen, je ½ TL getrockneten Thymian, Oregano, Majoran und Bohnenkraut sowie je 1 Prise gemahlenen Koriander, Knoblauchpulver und Chiliflocken. Zatar verfeinert z. B. Suppen, Aufläufe und Tomatengerichte.

Fleisch & Geflügel

KNUSPRIGE ENTE MIT BRÖSELKNÖDELN

Zutaten für 4 Personen

Für die Bröselknödel:

600 g mehligkochende Kartoffeln
Salz · 150 g doppelgriffiges Mehl
(Wiener Grießler)
4 Eigelb
4 EL braune Butter
(siehe Tipp S. 30)
Pfeffer aus der Mühle
frisch geriebene Muskatnuss
3 EL Butter
30 g Weißbrotbrösel
60 g Frühstücksspeck
1 EL Öl
1 EL Petersilienblätter
(frisch geschnitten)

Für die Ente:

1 Bauernente (2 ½ kg;
ohne Innereien)
1 Zwiebel
1 Lorbeerblatt
2 Gewürznelken · Salz

Für die Sauce:

2 Zwiebeln
1 kleine Karotte
100 g Knollensellerie
1 EL Öl · 2 TL Puderzucker
1 EL Tomatenmark
¼ l Rotwein
3 Pimentkörner (zerdrückt)
1 Zimtsplitter
2 Scheiben Ingwer
1 kleine Knoblauchzehe
(in Scheiben)
½ TL getrockneter Majoran
1 Streifen Bio-Orangenschale

1 Am Vortag für die Bröselknödel die Kartoffeln gründlich waschen und mit der Schale in Salzwasser etwa 25 Minuten weich garen. Die Kartoffeln abgießen, kurz ausdampfen lassen, möglichst heiß pellen, durch die Kartoffelpresse drücken und über Nacht abkühlen lassen.

2 Am nächsten Tag für die Ente von der Bauernente den Bürzel wegschneiden. Die Ente innen und außen waschen und trocken tupfen. Die Zwiebel schälen, das Lorbeerblatt darauflegen und mit den Gewürznelken feststecken. In einem großen Topf 6 l Wasser aufkochen, 1 EL Salz dazugeben und die gespickte Zwiebel hinzufügen. Die Ente in das Wasser geben und die Hitze reduzieren. Die Ente knapp unter dem Siedepunkt 2 Stunden garen.

3 Den Backofen auf 200 °C vorheizen. Ein Ofengitter mit untergelegtem Abtropfblech auf die unterste Schiene schieben. Die Ente aus der Brühe nehmen und mit Backpapier auf das Gitter legen. Die Brühe für die Sauce beiseitestellen. Die Ente etwa 1 Stunde knusprig braun braten, dabei das Backpapier so lange darunterlassen, bis die weiche Haut fester wird.

4 Inzwischen für die Sauce von der Entenbrühe das oben schwimmende Fett abnehmen. Die gespickte Zwiebel entfernen und ½ l Brühe abmessen (die restliche Brühe anderweitig verwenden). Die Zwiebeln schälen, die Karotte und den Sellerie putzen und schälen. Alles in kleine Würfel schneiden.

5 Das Öl in einer Pfanne erhitzen und das Gemüse darin andünsten. Den Puderzucker in einem Topf bei milder Hitze hell karamellisieren. Das Tomatenmark unterrühren, kurz anrösten, mit dem Rotwein ablöschen und sämig einköcheln lassen. Das Gemüse und die abgemessene Entenbrühe dazugeben. Bei milder Hitze 40 Minuten ziehen lassen.

6 Pimentkörner, Zimt, Ingwer, Knoblauch, Majoran und Orangenschale zur Sauce geben und 5 Minuten darin ziehen lassen. Die Sauce durch ein Sieb in einen Topf gießen und aufkochen. Die Speisestärke mit wenig kaltem Wasser glatt rühren und in die köchelnde Sauce rühren, bis diese leicht sämig bindet. Etwa 2 Minuten leicht köcheln lassen, dann 1 EL Entenfett und die kalte Butter unterrühren. Die Sauce mit Salz und Pfeffer abschmecken.

7 Für die Bröselknödel die durchgedrückten Kartoffeln mit Mehl, Eigelben, brauner Butter, Salz, Pfeffer und etwas Muskatnuss zu einem glatten Kartoffelteig verkneten. Die Butter in einer Pfanne erhitzen und die Weißbrotbrösel darin goldbraun rösten.

8 Den Speck in kleine Würfel schneiden. Das Öl in einer Pfanne erhitzen und die Speckwürfel darin knusprig braten. Herausnehmen und auf Küchenpapier abtropfen lassen.

9 Die Brösel mit der Petersilie und dem Speck mischen. Den Kartoffelteig halbieren und jede Hälfte auf einem leicht bemehlten Küchentuch zu einem Rechteck (etwa 20 x 15 cm) ausrollen. Die Bröselmischung auf den Teigplatten verteilen, diese mithilfe der Küchentücher aufrollen und die Enden der Tücher mit Küchengarn zusammenbinden. Die Knödel in einem Topf in Salzwasser knapp unter dem Siedepunkt etwa 25 Minuten gar ziehen lassen.

10 Inzwischen die Ente aus dem Backofen nehmen und tranchieren (siehe Tipp). Die Bröselknödel aus dem Wasser nehmen, ausrollen und in Scheiben schneiden. Mit der Ente auf vorgewärmten Tellern anrichten und die Sauce dazu servieren.

2 TL Speisestärke
1 EL kalte Butter
Salz · Pfeffer aus der Mühle

Außerdem:
doppelgriffiges Mehl
zum Ausrollen

Mein Tipp:

Keine Angst vor dem Tranchieren von im Ganzen gebratener Ente oder anderem Geflügel! Mit folgender Anleitung und entsprechendem Werkzeug (Fleischgabel und Tranchiermesser) klappt es garantiert: Mit der Fleischgabel eine Entenkeule fixieren und etwas vom Körper wegziehen. Mit dem Tranchiermesser die Vertiefung zwischen Körper und Keule einschneiden, die Keule dabei stetig nach außen drehen, bis sich das Kugelgelenk herausdreht. Die Keule abtrennen. Mit der zweiten Keule auf dieselbe Weise verfahren. Dann die Fleischgabel seitlich in die untere Karkasse stechen. Mit dem Messer entlang des mittig liegenden Brustbeins schneiden. Dann entlang des am Hals liegenden Gabelbeins bis zum Flügel einschneiden. Nun mit der Gabel in das Brustfleisch stechen und das Fleisch mit dem Messer vorsichtig vom Brustknochen ablösen. Zum Schluss das Kugelgelenk des Flügels durchtrennen und die Brust vollends ablösen.

ZWEIERLEI VOM HENDL AUF BUNTEM TOMATENSALAT

Zutaten für 4 Personen
Für das gebackene Hendl:
4 Hähnchenbrustfilets
(à 150 g; mit Haut)
80 g saure Sahne
1 EL Dijon-Senf · 1 Ei
2 EL doppelgriffiges Mehl
(Wiener Grießler)
1 TL Paprikapulver (edelsüß)
1 TL Currypulver · mildes Chilisalz
getrocknetes Bohnenkraut
frisch geriebene Muskatnuss
40 g Weißbrotbrösel
Öl zum Braten
Zitronensaft zum Beträufeln · Salz
4 Bio-Zitronenspalten

Für den Tomatensalat:
8 Tomaten (verschiedene Sorten)
½ weiße Zwiebel · 5 Minzeblätter
1 EL Weißweinessig · 2 EL mildes
Olivenöl · Salz · Zucker
Pfeffer aus der Mühle
1 EL Petersilienblätter (frisch
geschnitten)

Für das pochierte Hendl:
¼ l Hühnerbrühe
250 g Buttermilch
1–2 TL Speisestärke
3 Lorbeerblätter
1 TL Korianderkörner
2 cm Vanilleschote
1 Zimtsplitter
1 Knoblauchzehe (in Scheiben)
3 Scheiben Ingwer
2 Streifen Bio-Zitronenschale
1 Streifen Bio-Orangenschale

1 Für das gebackene Hendl die Hähnchenbrustfilets waschen, trocken tupfen und häuten. Die Hälfte der Filets schräg in 2 cm dicke Scheiben schneiden. Die restlichen Filets und die Haut kühl stellen. Saure Sahne, Senf, Ei, Mehl, Paprika- und Currypulver, Chilisalz sowie je 1 Prise Bohnenkraut und Muskatnuss verrühren. Die Hähnchenbrustscheiben in die Marinade legen und 3 bis 4 Stunden ziehen lassen.

2 Inzwischen für den Tomatensalat die Tomaten waschen und in Scheiben schneiden, dabei die Stielansätze entfernen. Kleinere Tomaten halbieren. Die Zwiebel schälen und in feine Würfel schneiden. Die Minze waschen, trocken tupfen und in feine Streifen schneiden. Die Zwiebelwürfel mit dem Essig, dem Öl, Salz, 1 Prise Zucker und Pfeffer mischen. Die Kräuter untermischen.

3 Den Backofen auf 200 °C vorheizen. Die Hähnchenbrusthäute nebeneinander auf ein mit Backpapier belegtes Backblech legen, mit Backpapier bedecken und einen schweren flachen und ofenfesten Gegenstand daraufsetzen (z. B. einen Bräter). Die Häute im Ofen auf der mittleren Schiene etwa 15 Minuten goldbraun backen.

4 Für das pochierte Hendl die Brühe mit der Buttermilch erwärmen. Die Stärke mit wenig kaltem Wasser glatt rühren, unter die Brühe-Buttermilch-Mischung rühren und alles einmal kurz aufkochen. Die Gewürze dazugeben, die beiden restlichen Hähnchenbrustfilets hineinlegen und knapp unter dem Siedepunkt saftig durchziehen lassen.

5 Die Hähnchenbrüste aus dem Topf nehmen und warm halten. Die Buttermilchsauce durch ein Sieb gießen, gegebenenfalls mit etwas Salz abschmecken und mit dem Stabmixer aufschäumen.

6 Für das gebackene Hendl die Weißbrotbrösel auf einen Teller geben. Die Hähnchenbruststücke samt Marinade nacheinander in den Bröseln wälzen. In einer Pfanne fingerbreit Öl erhitzen und die Hähnchenstücke darin bei mittlerer Hitze rundum goldbraun backen. Herausnehmen, auf Küchenpapier abtropfen lassen, mit Zitronensaft beträufeln und leicht mit Salz würzen.

7 Die pochierten Hähnchenbrustfilets in Scheiben schneiden. Den Tomatensalat kreisförmig auf Tellern am Rand entlang verteilen, dabei in der Mitte Platz lassen. Etwas Zwiebelmarinade über die Tomaten träufeln. Die gebackenen Hähnchenbrustscheiben und die pochierten Hähnchenbrustscheiben in der Mitte anrichten und mit je 1 Zitronenspalte dekorieren. Die Sauce nochmals erhitzen, aufschäumen und auf das pochierte Hähnchen träufeln. Die krosse Hendlhaut in kleinere Stücke brechen und dazwischenstecken.

Rücken und Pflanzerl vom Reh mit Gewürzkarotte

Zutaten für 4 Personen

Für die Wacholder-Piment-Sauce:
500 g Wildknochen
2 Zwiebeln · 80 g Knollensellerie
½ Karotte · 1 TL Puderzucker
1 EL Tomatenmark
300 ml kräftiger Rotwein
400 ml Kalbsfond (ersatzweise Wildfond) · 1 TL Speisestärke
2 Streifen Bio-Orangenschale
1 Streifen Bio-Zitronenschale

Für den Rehrücken:
1 Lorbeerblatt
je 1 TL schwarze Pfefferkörner, Pimentkörner, Korianderkörner und Wacholderbeeren
½ TL Zimtsplitter · ½–1 TL Öl
400 g Rehrücken (ausgelöst)
20 g braune Butter (siehe Tipp S. 30) · mildes Chilisalz

Für die Rehpflanzerl:
100 ml Milch · 2 Eier
100 g Toastbrot
1 Msp. abgeriebene Bio-Orangenschale · mildes Chilisalz
1 kleine Zwiebel · 1–2 EL Öl
170 g Rehhackfleisch (ersatzweise Hirsch- oder anderes Wildhackfleisch)
170 g Kalbshackfleisch
170 g Schweinehackfleisch
2 TL Dijon-Senf · 1 EL Preiselbeerkonfitüre · 1 EL Petersilienblätter (grob geschnitten)
getrockneter Majoran

1 Für die Sauce den Backofen auf 200 °C (Umluft) vorheizen. Die Wildknochen klein hacken, waschen und trocken reiben. Auf einem mit Backpapier belegten Backblech im Ofen auf der mittleren Schiene etwa 45 Minuten rösten.

2 Die Zwiebeln schälen, den Sellerie und die Karotte putzen und schälen. Alles in etwa 1 cm große Würfel schneiden. Den Puderzucker in einem großen Topf bei mittlerer Hitze hell karamellisieren und die Zwiebel-, Sellerie- und Karottenwürfel darin 3 bis 4 Minuten andünsten. Das Tomatenmark dazugeben und kurz mitrösten. Nach und nach je ein Drittel des Weins dazugeben und jeweils sämig einköcheln lassen. Die gerösteten Knochen dazugeben und mit dem Fond auffüllen, sodass alles gut bedeckt ist. Die Sauce knapp unter dem Siedepunkt etwa 1½ Stunden ziehen lassen.

3 Inzwischen für den Rehrücken den Backofen auf 100 °C vorheizen, ein Ofengitter auf die mittlere Schiene und darunter ein Abtropfblech schieben. Das Lorbeerblatt im Mörser zerstoßen und mit Pfeffer-, Piment- und Korianderkörnern sowie Wacholderbeeren und Zimtsplittern in eine Gewürzmühle füllen.

4 Das Öl in einer Pfanne erhitzen und den Rehrücken darin bei mittlerer Hitze rundum 1 bis 2 Minuten anbraten. Aus der Pfanne nehmen, auf das Gitter im Ofen legen und 50 Minuten rosa durchziehen lassen.

5 Die Sauce durch ein Sieb in einen Topf gießen. Die Speisestärke mit wenig kaltem Wasser glatt rühren, unter Rühren in die Sauce geben und 2 Minuten köcheln lassen. Die Orangen- und Zitronenschale dazugeben und mit der Gewürzmischung aus der Mühle abschmecken.

6 Für die Pflanzerl die Milch erwärmen und mit den Eiern verrühren. Das Toastbrot in kleine Würfel schneiden, mit der Orangenschale mischen und mit Chilisalz würzen. Die Zwiebel schälen und in feine Würfel schneiden. In einer Pfanne 1 TL Öl erhitzen und die Zwiebelwürfel darin bei mittlerer Hitze glasig dünsten.

7 Reh-, Kalbs- und Schweinehackfleisch mit Senf, Preiselbeerkonfitüre, Petersilie, Majoran und Zwiebel vermengen und mit der Eiermilch unter das Toastbrot mischen. Gegebenenfalls nachwürzen.

8 Für das Karottengemüse die Karotten putzen, schälen und schräg in etwa 4 bis 5 mm dicke Scheiben schneiden. Mit Brühe, Zimt und Vanilleschote in einen kleinen Topf geben und zugedeckt bei milder Hitze 12 bis 15 Minuten dünsten, dabei hin und wieder umrühren.

9 Inzwischen mit angefeuchteten Händen kleine Pflanzerl aus der Fleischmasse formen. Das restliche Öl in einer Pfanne erhitzen und die Pflanzerl darin bei mittlerer Hitze auf jeder Seite etwa 3 Minuten braun braten.

10 Für den Rehrücken die braune Butter in einer Pfanne bei milder Hitze erwärmen und mit der Mischung aus der Gewürzmühle würzen. Den Rehrücken und die Rehpflanzerl in der Gewürzbutter wenden, den Rehrücken mit Chilisalz würzen.

11 Kurz vor dem Servieren die Butter, die Petersilie und den Ingwer unter das Karottengemüse rühren und das Gemüse mit Chilisalz abschmecken. Nach Belieben 1 kleines Stück Zartbitterschokolade in der Wacholder-Piment-Sauce schmelzen lassen.

12 Den Rehrücken in Scheiben schneiden. Die Wacholder-Piment-Sauce mittig auf vorgewärmte Teller verteilen und jeweils 2 Rehrückenscheiben darauflegen. Jeweils 2 Rehpflanzerl und etwas Karottengemüse darum herum anrichten.

Für das Karottengemüse:
400 g Karotten
100 ml Hühnerbrühe
1 Zimtsplitter
¼ ausgekratzte Vanilleschote
1 EL Butter
1 EL Petersilienblätter
(grob geschnitten)
1 Scheibe Ingwer
mildes Chilisalz

MEIN TIPP:

Die Rehpflanzerl lassen sich auch sehr gut mit einem Eisportionierer abmessen bzw. formen. So bekommen sie alle dieselbe Größe und garen später gleichmäßig durch. Als Beilage zu Rehrücken und -pflanzerln passt sehr gut Selleriepüree (siehe S. 72), Kartoffel-Zitronen-Püree oder Blaukraut. Außerdem schmecken dazu Fingernudeln oder Spätzle.

HIRSCHRÜCKEN AUF HOLUNDER-ROTWEIN-BUTTER

Zutaten für 4 Personen

Für die Schwarzbrotknödel:
Öl für die Form · ½ Zwiebel
1 EL Butter · 200 g möglichst
dunkles Brot (z. B. Bauern- oder
Roggenbrot; vom Vortag)
30 g Walnusskerne · 100 ml Milch
3 Eier · Salz · Pfeffer aus der Mühle
frisch geriebene Muskatnuss

Für den Hirschrücken:
je 1 TL Korianderkörner, Wacholderbeeren, Pimentkörner und
schwarze Pfefferkörner
¼ TL ganzer Kümmel · ½ TL milde
Chiliflocken · 600 g Hirschkalbsrücken · 1 TL Öl · 20 g braune
Butter (siehe Tipp S. 30)

Für die Holunder-Rotwein-Butter:
1 geh. EL Puderzucker
150 ml kräftiger Rotwein
100 ml Holunderbeersaft (Muttersaft, d. h. reiner Saft)
½ TL Speisestärke · 4 Scheiben
Ingwer · je 1 Streifen Bio-Zitronenschale und Bio-Orangenschale
60 g sehr kalte Butter
mildes Chilisalz

Für das Rosenkohl-Schwarzwurzel-Gemüse:
150 g Rosenkohl · Salz
400 g Schwarzwurzeln
1 Spritzer Zitronensaft
80 ml Hühnerbrühe
1 TL braune Butter · mildes Chilisalz

1 Für die Schwarzbrotknödel eine halbrunde ofenfeste Terrinenform (600 ml Inhalt) mit Öl einfetten und mit Backpapier auslegen. Die Zwiebel schälen, in feine Würfel schneiden und in einer Pfanne in der Butter glasig dünsten. Das Brot in ½ bis 1 cm große Würfel schneiden und in eine Schüssel geben. Die Nüsse hacken. Die Milch erwärmen, mit den Eiern verrühren und mit Salz, Pfeffer und Muskatnuss würzen. Die Eiermilch über die Brotwürfel gießen, Zwiebel und Walnüsse dazugeben und 20 Minuten ziehen lassen.

2 Den Backofen auf 160 °C vorheizen. Die Brotmasse in die Terrinenform füllen, glatt streichen und mit Backpapier bedecken. Im Ofen auf der mittleren Schiene etwa 50 Minuten backen. Dann die Ofentemperatur auf 100 °C reduzieren und die Terrine auf den Ofenboden stellen.

3 Für den Hirschrücken die Gewürze mischen und in eine Gewürzmühle füllen. Ein Ofengitter auf die mittlere Schiene und darunter ein Abtropfblech schieben. Das Fleisch in 8 Medaillons schneiden und in einer Pfanne im Öl auf beiden Seiten kurz anbraten. Aus der Pfanne nehmen und auf dem Gitter im Ofen etwa 30 Minuten rosa garen.

4 Für die Holunder-Rotwein-Butter den Puderzucker in eine Pfanne sieben und bei mittlerer Hitze hell karamellisieren. Mit Wein und Saft ablöschen und auf ein Drittel einköcheln lassen. Die Speisestärke mit wenig kaltem Wasser glatt rühren und unter die köchelnde Sauce rühren, bis diese leicht sämig bindet. Ingwer, Zitronen- und Orangenschale hinzufügen, einige Minuten in der Sauce ziehen lassen und wieder entfernen. Die kalte Butter in kleinen Stücken unter die heiße, aber nicht mehr kochende Sauce rühren. Mit Chilisalz würzen.

5 Für das Gemüse den Rosenkohl putzen, waschen, in einzelne Blätter teilen und diese in kochendem Salzwasser 1 bis 2 Minuten blanchieren. Kalt abschrecken und abtropfen lassen. Die Schwarzwurzeln unter fließendem kaltem Wasser gründlich waschen, schälen und sofort in kaltes Zitronenwasser legen. Die Schwarzwurzeln schräg in etwa ½ cm dicke Scheiben schneiden und in der Brühe zugedeckt 4 bis 5 Minuten weich dünsten. Den Rosenkohl untermischen, die braune Butter hinzufügen und mit Chilisalz würzen.

6 Für den Hirschrücken die braune Butter in einer Pfanne zerlassen und mit den Gewürzen aus der Mühle würzen. Die Medaillons in der Gewürzbutter wenden. Die Knödelterrine stürzen, das Backpapier entfernen und die Brotknödel in Scheiben schneiden. Holunder-Rotwein-Butter mittig auf Teller verteilen, Hirschmedaillons darauflegen, Rosenkohl-Schwarzwurzel-Gemüse und Knödel daneben anrichten.

Desserts & Gebäck

Topfenmousse
mit Himbeeren und Baiserbröseln

Zutaten für 4 Personen

Für das Baiser:
2 Eiweiß
Salz
50 g Kristallzucker
50 g Puderzucker

Außerdem:
200 g Sahne
1 TL Vanillezucker
125 g Magerquark
Salz
½ TL abgeriebene Bio-Orangenschale
200 g Himbeeren
einige Stiele Minze zum Garnieren

1 Für das Baiser den Backofen auf 90 °C (Umluft) vorheizen und zwei Backbleche mit Backpapier auslegen. Die Eiweiße mit 1 Prise Salz steif schlagen, dabei den Kristallzucker nach und nach einrieseln lassen. Den Puderzucker unter die Masse rühren.

2 Die Schaummasse in einen Spritzbeutel mit großer Sterntülle füllen und auf die Bleche Ringe, Zöpfe oder Stränge spritzen. Die Baisermasse im Ofen 2 bis 2½ Stunden trocknen lassen.

3 Inzwischen die Sahne mit dem Vanillezucker verrühren und mit den Quirlen des Handrührgeräts steif schlagen. Den Quark mit 1 Prise Salz und der Orangenschale glatt rühren. Die geschlagene Sahne nach und nach unter den Quark ziehen.

4 Die Himbeeren verlesen, waschen und vorsichtig trocken tupfen. Nach Belieben die Hälfte der Himbeeren pürieren und mit den restlichen Himbeeren mischen. Die Minze waschen und trocken schütteln. Das fertige Baiser in einen Gefrierbeutel geben, den Beutel verschließen und das Baiser mit dem Nudelholz zu groben Bröseln zerkleinern.

5 Die Sahne-Quark-Creme, die Baiserbrösel und die Himbeeren abwechselnd in eine Schüssel oder in Gläser schichten. Mit der Minze garnieren und sofort servieren oder bis zum Servieren kühl stellen.

Mein Tipp:

Die Baisermasse kann in beliebigen Formen auf die Bleche gespritzt werden. Je höher die Masse aufdressiert wird, umso länger braucht das Baiser zum Trocknen. Für ein besonders fix zubereitetes Dessert können Sie auch fertiges Baiser – nach Belieben weiß und rosa gemischt – aus der Bäckerei verwenden.

HERBSTLICHER FRUCHTSALAT MIT MOHN UND RIESLINGSABAYON

Zutaten für 4 Personen

Für den Fruchtsalat:
1 Apfel · 1 Birne
je 100 g helle und dunkle Trauben
2 EL Haselnusskerne
2 EL Walnusskerne
80 g Dörrpflaumen
1–2 TL Orangenlikör (z. B. Grand Marnier) oder Rum
1 EL Puderzucker
2 EL Orangensaft
1 Spritzer Zitronensaft

Für das Rieslingsabayon:
1/8 l Riesling
60 g Zucker
4 Eigelb
1 Spritzer Zitronensaft

Außerdem:
1 TL Mohn

1 Für den Fruchtsalat den Apfel und die Birne waschen, vierteln, entkernen und in Würfel schneiden. Die Trauben waschen, trocken tupfen und von den Stielen zupfen.

2 Die Haselnüsse grob hacken und in einer Pfanne ohne Fett goldbraun rösten. Die Walnüsse grob hacken. Die Dörrpflaumen in Scheiben schneiden und mit etwas Orangenlikör oder Rum beträufeln. Alle Zutaten mit Puderzucker, Orangensaft und Zitronensaft mischen.

3 Für das Rieslingsabayon den Riesling mit Zucker, Eigelben und Zitronensaft in einer Metallschüssel verrühren. Im heißen Wasserbad mit dem Schneebesen aufschlagen, bis ein sämiger Schaum entstanden ist, dabei das Sabayon nicht über 75 °C erhitzen.

4 Den Mohn in einer Pfanne ohne Fett rösten, bis er zu duften beginnt. Den Fruchtsalat in Dessertschalen anrichten und das Sabayon darauf verteilen. Den Mohn darüberstreuen.

MEIN TIPP:

Der Fruchtsalat passt auch bestens als Begleiter zu dunkler Schokoladenmousse. Dafür 130 g Zartbitterkuvertüre klein hacken und in einer Metallschüssel im heißen Wasserbad schmelzen. Abkühlen lassen, dann 250 g cremig geschlagene Sahne unterheben. Dabei die Schüssel eventuell noch im heißen Wasserbad stehen lassen – optimal wird die Mousse, wenn die Schokoladensahne eine cremige, glatte Konsistenz aufweist. 1 bis 2 EL Orangenlikör oder Rum, 1 Msp. abgeriebene Bio-Orangenschale und nach Belieben 1 Prise Chiliflocken unterrühren. Die Mousse zugedeckt im Kühlschrank 30 bis 45 Minuten ziehen lassen.

Crème brulée mit Maronen

Zutaten für 4 Personen

Für die Crème brulée:
⅛ l Milch
125 g Sahne
50 g Zucker
Salz
Zimtpulver
80 g ungesüßtes Maronenpüree
(siehe Tipp unten)
30 g Zartbitterkuvertüre
2 Eier

Außerdem:
4 EL ungesüßtes Maronenpüree
1 TL Vanillezucker
1–2 EL feiner brauner Zucker
zum Bestreuen

1 Für die Crème brulée die Milch mit Sahne, Zucker, je 1 Prise Salz und Zimt sowie dem Maronenpüree in einem Topf verrühren und aufkochen.

2 Die Kuvertüre hacken und mit den Eiern in einen Rührbecher geben. Die heiße Milch-Maronen-Mischung nach und nach dazugießen und mit dem Stabmixer untermixen.

3 Das Maronenpüree mit dem Vanillezucker glatt rühren, in vier ofenfeste flache Portionsförmchen (à 100 bis 120 ml) verteilen und an den Förmchenböden glatt streichen.

4 Den Backofen auf 120 °C vorheizen. Die Förmchen in ein tiefes Backblech stellen und so viel heißes Wasser angießen, dass sie zu einem Drittel im Wasser stehen. Die Creme im Ofen auf der mittleren Schiene etwa 30 Minuten stocken lassen. Nach 20 Minuten Garzeit die Konsistenz der Creme prüfen (siehe Tipp).

5 Die Förmchen aus dem Wasserbad nehmen. Die Creme zuerst bei Zimmertemperatur abkühlen lassen, dann mindestens 4 Stunden (am besten über Nacht) im Kühlschrank durchkühlen lassen.

6 Kurz vor dem Servieren die Creme in den Förmchen erst mit wenig braunem Zucker gleichmäßig bestreuen und mit dem Flambierbrenner goldbraun karamellisieren, dann den Vorgang ein- bis zweimal wiederholen. Die Crème brulée sofort servieren.

Mein Tipp:

Anstelle des ungesüßten Maronenpürees können Sie auch gesüßte Maronencreme bzw. Maronenaufstrich verwenden. Dann sollten Sie jedoch die Zuckermenge etwas reduzieren. Perfekt gegart ist die Creme, wenn sie eine weiche, puddingartige Konsistenz aufweist. Zum Testen des Garpunkts am besten die Oberfläche der Creme mit einem Löffelrücken leicht andrücken. Durch das mehrmalige Karamellisieren wird die Kruste der Crème brulée übrigens besonders schön.

Pflaumenparfait mit Punschsauce und Mandarinen

Zutaten für 8–10 Personen

Für das Pflaumenparfait:
200 g Dörrpflaumen
50 ml roter Portwein
2 EL Rum
1 Blatt Gelatine
1 Tasse Espresso (ca. 4 EL)
100 g Zucker
4 Eigelb · 1 Ei
1 TL Lebkuchengewürz
400 g geschlagene Sahne

Für die Punschsauce:
2 TL Speisestärke
100 ml kräftiger Rotwein
30 ml Orangensaft
40 ml Kirschsaft
40 ml roter Portwein
2 EL Zucker
½ TL Glühweingewürz
je 1 Streifen Bio-Zitronen- und Bio-Orangenschale
1 TL Honig
je 1 EL Orangenlikör (z. B. Grand Marnier) und Rum

Für die Mandarinen:
2 Mandarinen (oder Clementinen)
1 TL gehackte Pistazien
je einige Tropfen Orangenlikör und Zitronensaft
1 TL Puderzucker

1 Am Vortag für das Pflaumenparfait die Dörrpflaumen in Streifen schneiden. Den Portwein in einem kleinen Topf einmal aufkochen, die Pflaumenstreifen mit dem Rum hinzufügen, vom Herd nehmen und 30 Minuten ziehen lassen.

2 Die Gelatine in kaltem Wasser einweichen. Den Espresso mit dem Zucker unter Rühren aufkochen, bis sich der Zucker vollständig aufgelöst hat. Eigelbe, Ei und Lebkuchengewürz schaumig schlagen und den heißen Kaffeesirup unterrühren. Die Gelatine gut ausdrücken und unter Rühren in der Eier-Kaffee-Masse auflösen.

3 Alles mit den Quirlen des Handrührgeräts oder in der Küchenmaschine zu einer dickschaumigen Masse weiterschlagen, bis diese vollkommen abgekühlt ist. Die Dörrpflaumen untermischen und in Eiswasser mit dem Teigschaber weiter kalt rühren. Wenn die Masse zu gelieren beginnt, die Sahne unterheben.

4 Eine Terrinenform (etwa 1,2 l Inhalt) mit Frischhaltefolie oder Backpapier auslegen und die Parfaitmasse hineinfüllen. Mit Frischhaltefolie oder Backpapier bedecken und im Tiefkühlfach über Nacht gefrieren lassen.

5 Am nächsten Tag für die Punschsauce die Speisestärke mit 3 EL Rotwein glatt rühren. Den restlichen Rotwein, den Orangensaft, den Kirschsaft, den Portwein und den Zucker in einem Topf verrühren und aufkochen. Die Speisestärke unter Rühren hinzufügen und alles weitere 2 Minuten köcheln lassen.

6 Den Topf vom Herd nehmen, das Glühweingewürz unterrühren, die Zitronen- und Orangenschale dazugeben und 5 Minuten ziehen lassen. Durch ein Sieb in eine Schüssel gießen, den Honig unterrühren und die Sauce abkühlen lassen. Mit dem Orangenlikör und dem Rum abschmecken.

7 Für die Mandarinen die Mandarinen schälen, in Spalten teilen und mit den Pistazien, dem Orangenlikör, dem Zitronensaft und dem Puderzucker mischen.

8 Das Pflaumenparfait mithilfe der Folie aus der Form stürzen und in Scheiben schneiden. Die Punschsauce auf Dessertteller verteilen, je 1 oder 2 Parfaitscheiben daraufleben und mit den Mandarinenspalten garnieren.

Krokantparfait mit Limoncello und marinierten Pfirsichen

Zutaten für 6–8 Personen

Für das Krokantparfait:
30 g Mandelblättchen
40 g Zucker
1 Blatt Gelatine
4 Eigelb · 2 Eier
60 g Zucker
8 EL Limoncello (siehe S. 19)
½ TL abgeriebene Bio-Zitronenschale
Mark von 1 Vanilleschote
400 g geschlagene Sahne

Für die marinierten Pfirsiche:
2 reife Pfirsiche
100 g Himbeeren
1–2 TL Puderzucker
1 Spritzer Zitronensaft
1 TL Minzeblätter (frisch geschnitten)

1 Am Vortag für das Krokantparfait die Mandelblättchen in einer Pfanne ohne Fett bei milder Hitze hell rösten. Aus der Pfanne nehmen. Den Zucker in die Pfanne geben und bei milder Hitze hell karamellisieren, die Mandelblättchen rasch hineinrühren und alles auf eine Lage Backpapier geben. Mit einer zweiten Lage Backpapier bedecken und mit dem Nudelholz möglichst dünn ausrollen. Auskühlen lassen und mit einem großen Messer in kleine Stücke hacken.

2 Die Gelatine in kaltem Wasser einweichen. Die Eigelbe und die Eier mit 20 g Zucker, 4 EL Limoncello, Zitronenschale und Vanillemark in einer Metallschüssel hellschaumig schlagen. Den restlichen Limoncello mit dem übrigen Zucker in einem kleinen Topf aufkochen und etwa 1 Minute köcheln lassen. Unter die Eigelbmasse rühren und im heißen Wasserbad zu einer dickschaumigen Creme aufschlagen, dabei nicht über 75 °C erhitzen.

3 Die Gelatine gut ausdrücken und unter die Parfaitmasse rühren. Vom Wasserbad nehmen und in Eiswasser möglichst kalt schlagen, bis die Masse zu gelieren beginnt und schon etwas fester wird. Die sehr steif geschlagene Sahne mit dem Krokant unterheben.

4 Eine Königskuchenform (25 cm Länge) mit Frischhaltefolie oder Backpapier auslegen und die Parfaitmasse hineinfüllen. Mit Frischhaltefolie oder Backpapier bedecken und im Tiefkühlfach über Nacht gefrieren lassen.

5 Am nächsten Tag für die marinierten Pfirsiche die Pfirsiche waschen, halbieren, entsteinen und in Würfel schneiden. Die Himbeeren verlesen, waschen und vorsichtig trocken tupfen. Die Pfirsichwürfel mit Puderzucker, Zitronensaft und Minze marinieren und zuletzt die Himbeeren vorsichtig unterheben. Nach Belieben mit etwas Limoncello aromatisieren.

6 Die Kuchenform kurz unter fließendes lauwarmes Wasser halten und das Krokantparfait mithilfe der Folie oder des Backpapiers aus der Form stürzen. In Scheiben schneiden und mit den marinierten Pfirsichen auf Desserttellern anrichten.

Schneenockerl auf Holunder-Birnen-Sauce

1 Für die Holunder-Birnen-Sauce die Birne schälen, vierteln, entkernen und in Würfel schneiden. Den Holunderbeersaft mit den Birnenwürfeln in einen kleinen Topf geben. Vanillezucker, Zimt, Gewürznelke, Ingwer, Orangenschale, Zucker und Vanillezucker hinzufügen. Alles knapp unter dem Siedepunkt etwa 10 Minuten mehr ziehen als köcheln lassen, bis die Birnenwürfel weich sind.

2 Die ganzen Gewürze entfernen und den Orangensaft dazugeben. Die Speisestärke mit wenig kaltem Wasser glatt rühren und in die leicht köchelnde Sauce rühren. Mit etwas Zitronensaft und gegebenenfalls noch mit etwas Zucker abschmecken. Lauwarm abkühlen lassen.

3 Für die Schneenockerl die Eiweiße mit 1 Prise Salz zu festem Schnee schlagen, dabei den Zucker nach und nach einrieseln lassen. Die Milch mit der Vanilleschote, Zimt, Sternanis, Kardamom, Zitronen- und Orangenschale in einem weiten Topf einmal aufkochen. Dann die Hitze reduzieren und gegebenenfalls den Topf etwas vom Herd ziehen, sodass die Temperatur knapp unter den Siedepunkt sinkt.

4 Zwei Esslöffel in kaltes Wasser tauchen und damit aus dem Eischnee Nockerl abstechen. Die Nockerl in die warme Milch setzen und mit geschlossenem Deckel etwa 5 Minuten ziehen lassen (die Milch darf nicht kochen!).

5 Die Holunder-Birnen-Sauce auf tiefe Teller verteilen. Die Schneenockerl mit dem Schaumlöffel aus der Milch heben und auf der Sauce anrichten. Sofort servieren.

Zutaten für 4 Personen

Für die Holunder-Birnen-Sauce:

1 reife Birne
200 ml Holunderbeersaft (Muttersaft, d. h. reiner Saft)
1 TL Vanillezucker
1 Stück Zimtrinde
1 Gewürznelke
1 Scheibe Ingwer
1 Streifen Bio-Orangenschale
3 EL Zucker
1 TL Vanillezucker
1–2 EL Orangensaft
1–2 TL Speisestärke
1 Spritzer Zitronensaft

Für die Schneenockerl:

3 Eiweiß
Salz
90 g Zucker
¾ l Milch
1 ausgekratzte Vanilleschote
2 Zimtsplitter
1 Zacken Sternanis
3 angedrückte Kardamomkapseln
je 1 Streifen Bio-Zitronen- und Bio-Orangenschale

Mein Tipp:

Anstelle der Holunder-Birnen-Sauce können Sie die Schneenockerl auch mit einer klassischen Vanillesauce servieren. Dafür 1 Vanilleschote längs aufschneiden und das Mark mit einem spitzen Messer herauskratzen. ¼ l Milch und 250 g Sahne mit 25 g Zucker, der Vanilleschote und dem -mark aufkochen. 3 Eigelbe und 2 Eier mit 25 g Zucker und 1 Prise Salz in einer Metallschüssel hellschaumig aufschlagen. Die kochende Vanillemilch nach und nach unter Rühren hinzufügen und die Vanillecreme im heißen Wasserbad unter beständigem, aber ruhigem Rühren von der Schüsselwand wegrühren (»zur Rose abziehen«). Dabei die Sauce auf max. 75 °C erhitzen. Sofort durch ein Sieb in eine zweite Schüssel gießen, abkühlen lassen und mit 1 EL Rum verfeinern.

Karamellisierter Pfannkuchen mit Heidelbeeren und Rumsahne

Zutaten für 4 Personen

Für den Pfannkuchen:
2 Eier
150 g Mehl
¼ l Milch
½ TL abgeriebene Bio-Zitronenschale
1 Msp. Zimtpulver
Mark von ½ Vanilleschote
1 EL Rum
30 g Zucker
Salz
200 g Heidelbeeren
1 EL braune Butter
(siehe Tipp S. 30)
Puderzucker zum Bestäuben

Für die Rumsahne:
250 g Sahne
3 EL Puderzucker
2 EL Rum

Außerdem:
1 Bio-Orange

1 Für den Pfannkuchen den Backofen auf 200 °C vorheizen und auf die unterste Schiene ein Ofengitter schieben. Die Eier trennen. Das Mehl mit der Milch glatt rühren, die Eigelbe mit Zitronenschale, Zimt, Vanillemark und Rum unterrühren.

2 Die Eiweiße mit dem Zucker und 1 Prise Salz zu cremigem Schnee schlagen. Ein Drittel den Eischnees unter die Mehl-Milch-Masse rühren, den Rest vorsichtig unterheben. Die Heidelbeeren verlesen, waschen und trocken tupfen.

3 Eine große ofenfeste Pfanne (etwa 28 cm Durchmesser) bei milder Temperatur erhitzen und die braune Butter mit einem Pinsel auf dem Pfannenboden verteilen. Den Teig in die Pfanne gießen, die Heidelbeeren gleichmäßig daraufstreuen und den Teig auf der Unterseite beinahe farblos anbacken. Die Pfanne auf das Gitter in den Ofen stellen und den Pfannkuchen etwa 10 Minuten hell backen.

4 Inzwischen für die Rumsahne die Sahne mit dem Puderzucker halbsteif schlagen und mit dem Rum aromatisieren.

5 Die Pfanne aus dem Ofen nehmen und den Backofengrill einschalten. Den Pfannkuchen dicht mit Puderzucker bestäuben und im Ofen auf der mittleren Schiene 2 bis 3 Minuten goldbraun karamellisieren. Aus der Pfanne heben und in Stücke schneiden.

6 Die Orange heiß waschen und trocken reiben. Die Pfannkuchenstücke auf Dessertteller verteilen und die Rumsahne daneben anrichten. Etwas Orangenschale frisch darüberreiben. Dazu passt Vanilleeis.

Mein Tipp:

Der Pfannkuchen lässt sich optimal karamellisieren, wenn er an der Oberseite kaum Farbe angenommen hat. Damit sich eine schöne Karamellschicht bildet, sollte der Pfannkuchen gleichmäßig und dicht mit Puderzucker bestäubt werden. Nach Belieben kann man aus dem Teig auch 4 einzelne, etwas kleinere Pfannkuchen zubereiten.

Buttermilchwaffeln mit Kirsch-Anis-Ragout

Zutaten für ca. 8 Waffeln

Für das Kirsch-Anis-Ragout:
300 g Sauerkirschen (aus dem Glas)
1–2 TL Speisestärke
100 ml Rotwein
100 ml roter Portwein
100 ml Kirschsaft
40 g Zucker
1 Sternanis
1 kleines Stück Zimtrinde
½ ausgekratzte Vanilleschote
2 Streifen Bio-Orangenschale
2 EL Kirschwasser
1 TL Honig

Für die Buttermilchwaffeln:
280 g Mehl
1 ½ TL Backpulver
50 g brauner Zucker
100 g Butter
3 Eier · Salz
500 g Buttermilch (Zimmertemperatur)
1 Msp. Vanillemark
½ TL Zimtpulver
1 Msp. abgeriebene Bio-Zitronenschale
gemahlener Kardamom

Außerdem:
Butter für das Waffeleisen
Puderzucker zum Bestäuben

1 Für das Kirsch-Anis-Ragout die Kirschen auf einem Sieb abtropfen lassen und in einen Topf geben. Die Speisestärke mit wenig Rotwein glatt rühren. Den restlichen Rotwein mit dem Portwein, Kirschsaft, Zucker, Sternanis, Zimt, der Vanilleschote und Orangenschale in einem Topf aufkochen. Mit der Speisestärke binden und weitere 2 Minuten köcheln lassen.

2 Die Sauce durch ein Sieb über die Kirschen gießen und erneut einmal aufkochen lassen. Vom Herd nehmen und mit Kirschwasser und Honig abschmecken.

3 Für die Buttermilchwaffeln den Backofen auf 80 °C vorheizen. Das Mehl mit dem Backpulver in eine Schüssel sieben und mit dem Zucker mischen. Die Butter in einem kleinen Topf bei milder Hitze zerlassen. Die Eier trennen.

4 Die Eiweiße mit 1 Prise Salz zu steifem Schnee schlagen. Die Eigelbe mit Buttermilch, Butter, Vanillemark, Zimt, Zitronenschale sowie je 1 Prise Kardamom und Salz glatt rühren, zur Mehl-Zucker-Mischung geben und rasch zu einem zähflüssigen Teig verrühren. Den Eischnee vorsichtig unterheben.

5 Das Waffeleisen vorheizen und mit Butter einfetten. Aus dem Teig nach und nach etwa 8 Waffeln backen und im Ofen warm halten. Mit dem Kirsch-Anis-Ragout auf Desserttellern anrichten und mit Puderzucker bestäuben.

Mein Tipp:

Wenn Kinder mitessen, können Sie das Kirsch-Anis-Ragout natürlich ohne Alkohol zubereiten und statt Rotwein, Portwein und Kirschwasser einfach Kirschsaft verwenden. Das Ragout schmeckt auch fein zu Kaiser- oder Semmelschmarren (siehe rechts).

Semmelschmarren mit Rotweinzwetschgen

1 Für die Rotweinzwetschgen die Zwetschgen waschen, vierteln und entsteinen. Den Zucker in einer Pfanne hell karamellisieren. Mit dem Rotwein und dem Portwein ablöschen und auf die Hälfte einköcheln lassen.

2 Die Vanilleschote, den Zimt, die Orangenschale und den Ingwer zum Wein geben. Die Zwetschgenviertel hinzufügen und je nach Reifegrad der Früchte 2 bis 5 Minuten darin garen. Die ganzen Gewürze zum Schluss entfernen und die Butter unterrühren. Warm halten.

3 Für den Semmelschmarren Milch, Rum, Vanillezucker, Zucker, Zitronenschale und Ei in einen hohen Rührbecher geben, mit dem Stabmixer aufmixen und in einen tiefen Teller geben.

4 Die Brötchen in ½ bis 1 cm dicke Scheiben schneiden und in der Eiermilch wenden. Die braune Butter in einer großen Pfanne erhitzen, 1 TL Zimtzucker hineinstreuen und die Brötchenscheiben darin auf jeder Seite 1 bis 2 Minuten goldbraun anbraten.

5 Die Brötchen mit einem Pfannenwender in kleine Stücke stechen, den übrigen Zimtzucker darüberstreuen, die kalte Butter dazugeben und den Semmelschmarren unter Wenden darin goldbraun braten. Zuletzt die Rumrosinen untermischen.

6 Den Semmelschmarren auf vorgewärmte Teller verteilen, mit Puderzucker bestäuben und die Rotweinzwetschgen darum herum anrichten (Rezeptfoto siehe S. 96/97).

Mein Tipp:

Zimtzucker ist schnell selbst gemacht – einfach 5 EL weißen Zucker mit ½ TL Zimtpulver mischen. Die Mischung kann man in einem Schraubglas aufbewahren und nach Bedarf verwenden.

Zutaten für 4 Personen
Für die Rotweinzwetschgen:
400 g Zwetschgen
1–2 EL Zucker
90 ml kräftiger Rotwein
50 ml roter Portwein
½ ausgekratzte Vanilleschote
1 Zimtsplitter
1 Streifen Bio-Orangenschale
1 Scheibe Ingwer
1 EL kalte Butter

Für den Semmelschmarren:
100 ml Milch
1 TL Rum
1 TL Vanillezucker
1 EL Zucker
1 TL abgeriebene Bio-Zitronenschale
1 Ei · 2 Brötchen (Semmeln; à ca. 50 g; vom Vortag)
1–2 EL braune Butter (siehe Tipp S. 30)
1–2 EL Zimtzucker (siehe Tipp unten)
20 g kalte Butter
1 EL Rumrosinen
Puderzucker zum Bestäuben

Windbeutel mit Vanillecreme und Erdbeeren

Zutaten für 12–14 Stück

Für die Vanillecreme:
35 g Speisestärke
¼ l Milch
Salz
gemahlene Kurkuma
75 g Zucker
1 aufgeschlitzte Vanilleschote
1 Blatt Gelatine
1 EL Orangenlikör (z. B. Grand Marnier)
400 g Sahne

Für die Windbeutel:
flüssige Butter und Mehl für das Blech
100 ml Milch
45 g Butter
140 g Mehl
4 Eier

Für die Erdbeeren:
250 g Erdbeeren
2 EL Puderzucker
1 Spritzer Zitronensaft

Außerdem:
Puderzucker zum Bestäuben

1 Für die Vanillecreme die Speisestärke mit etwas Milch glatt rühren. Die übrige Milch mit je 1 Prise Salz und Kurkuma, dem Zucker und der Vanilleschote aufkochen. Die Stärke hineinrühren, noch 2 Minuten köcheln lassen und die Vanilleschote wieder herausnehmen.

2 Die Gelatine in kaltem Wasser einweichen, den Orangenlikör erhitzen, aber nicht kochen lassen. Die Gelatine gut ausdrücken, im Orangenlikör auflösen und unter die Vanillecreme rühren. Abkühlen lassen. Die Sahne steif schlagen, ein Drittel mit der abgekühlten Vanillecreme verrühren, den Rest vorsichtig unterheben. Die Vanillecreme zugedeckt im Kühlschrank 2 Stunden durchkühlen lassen.

3 Für die Windbeutel den Backofen auf 210 °C vorheizen. Ein Backblech mit Butter einfetten und mit Mehl bestäuben. Die Milch mit 100 ml Wasser und der Butter in einem Topf aufkochen. Das Mehl auf einmal dazugeben und mit einem Kochlöffel rühren, bis sich ein weißer Belag am Topfboden bildet (»abbrennen«). Die Masse in eine Schüssel geben und etwas abkühlen lassen.

4 Die Eier nach und nach mit den Quirlen des Handrührgeräts unter den Brandteig rühren. Den Teig in einen Spritzbeutel mit großer Sterntülle füllen und 12 kleine Häufchen von etwa 5 cm Durchmesser auf das Backblech spritzen, dabei zwischen den Teighäufchen 5 bis 6 cm Abstand lassen. Etwas Wasser in den Backofen sprühen und die Windbeutel auf der untersten Schiene 25 bis 30 Minuten goldbraun backen. Herausnehmen und abkühlen lassen.

5 Für die Erdbeeren die Beeren waschen, putzen, vierteln und in eine Schüssel geben. Den Puderzucker darübersieben, den Zitronensaft dazugeben und alles mischen. Von den Windbeuteln das obere Drittel abschneiden. Die Vanillecreme in einen Spritzbeutel füllen und die Creme auf den Böden der Windbeutel verteilen. Die marinierten Erdbeeren mittig daraufgeben, die übrige Creme daraufspritzen und den Windbeuteldeckel wieder aufsetzen. Mit Puderzucker bestäuben.

Mein Tipp:

Anstelle der Erdbeeren schmecken auch marinierte Himbeeren. Für eine exotische Variante ersetzen Sie in der Vanillecreme den Orangen- durch Kokoslikör und verwenden statt Erdbeeren Ananas- oder Mangostücke.

TOPFENSTRUDEL MIT TRAUBEN

Zutaten für 8–10 Personen
Für die Füllung:
60 g weiche Butter
80 g Zucker
2 Eier (Zimmertemperatur)
Mark von 1 Vanilleschote
abgeriebene Schale von 1 Bio-Zitrone · Salz
500 g Speisequark (Zimmertemperatur)
125 g Sahne
125 g saure Sahne
1 EL gemahlene Mandeln
200 g helle und dunkle Trauben (am besten kernlos)

Außerdem:
4 Blätter Strudelteig (30 x 30 cm; aus dem Kühlregal)
60 g flüssige Butter zum Bestreichen
Butter für den Bräter
2 EL Zucker · ⅛ l Milch

1 Für die Füllung die Butter mit 3 EL Zucker in einer Schüssel hellschaumig aufschlagen, die Eier nacheinander unterrühren. Das Vanillemark, die Zitronenschale, 1 Prise Salz, den restlichen Zucker und den Quark unter die Eiermasse rühren. Die Sahne halb steif schlagen, mit der sauren Sahne mischen und unter die Quarkmasse heben.

2 Die Mandeln in einer Pfanne ohne Fett hell rösten und unter die Quarkmasse rühren. Die Trauben waschen, trocken tupfen, von den Stielen zupfen und, falls nötig, halbieren und die Kerne entfernen. Den Backofen auf 200 °C vorheizen.

3 Die Strudelteigblätter mit Butter bepinseln und je 2 Teigblätter aufeinander auf ein Tuch legen. Je die Hälfte der Topfenmasse an der Längsseite der Strudelblätter in einem 10 bis 15 cm breiten Strang verteilen. Dabei an den Schmalseiten je einen 5 cm breiten Rand frei lassen und diesen nach innen einschlagen. Die Hälfte der Trauben auf der Quarkmasse verteilen. Die Strudel mithilfe des Tuchs aufrollen und mit der Nahtseite nach unten in einen gefetteten Bräter legen. Beide Strudel mit der restlichen flüssigen Butter bestreichen und mit dem Zucker bestreuen.

4 Die Strudel im Ofen auf der mittleren Schiene 10 bis 15 Minuten backen. Dann die Milch in den Bräter gießen und die Topfenstrudel weitere 25 bis 30 Minuten backen. Den Bräter herausnehmen und die Strudel darin etwa 15 Minuten abkühlen lassen.

5 Zum Servieren die Strudel in Stücke schneiden. Dazu passen Vanillesauce (siehe Tipp S. 105) und 1 Kugel Vanille- oder Walnusseis.

MEIN TIPP:
Im Sommer schmeckt dieser Strudel auch mit frischen Aprikosen oder Kirschen gefüllt.

Mohnstreuselkuchen mit Apfel

1 Für die Streusel die Butter und die beiden Zuckersorten mit der Zitronenschale, dem Vanillemark sowie je 1 Prise Zimt und Salz mit den Knethaken des Handrührgeräts verkneten. Dann das Mehl hinzufügen und kurz unterkneten, bis der Teig bröselig ist. Kühl stellen.

2 Für den Hefeteig die Hefe in der Milch auflösen und mit Mehl, Zucker, Eigelben, Mandellikör, 1 Prise Salz, Vanillemark und Zitronenschale zu einem Teig verkneten. Die weiche Butter hinzufügen und einige Minuten weiterkneten, bis ein glatter Teig entstanden ist. Mit Frischhaltefolie bedecken und an einem warmen Ort knapp 30 Minuten gehen lassen.

3 Für die Mohnfüllung den Apfel vierteln, schälen, entkernen und in sehr kleine Würfel schneiden. Die Milch mit Zucker, Butter, Zitronenschale, Vanillemark und 1 Prise Salz aufkochen. Mohn und Grieß einrühren und 10 Minuten zu einem dicken Brei kochen, dabei häufig mit dem Teigschaber umrühren. Die Masse etwas abkühlen lassen, dann die Eier, Apfelwürfel und Rosinen unterrühren.

4 Den Backofen auf 175 °C vorheizen. Ein Backblech mit Butter einfetten und mit Mehl bestäuben. Den Teig auf der bemehlten Arbeitsfläche dünn ausrollen und das Backblech damit auslegen. Die warme Mohnmasse gleichmäßig daraufstreichen und 5 bis 10 Minuten abkühlen lassen. Die Streusel gleichmäßig daraufstreuen und den Kuchen im Ofen 40 bis 45 Minuten goldbraun backen. Abkühlen lassen und in Stücke schneiden. Zum Servieren mit Puderzucker bestäuben.

Mein Tipp:

Hefeteig liebt es warm, denn Wärme beschleunigt das Wachstum der Hefepilze, wodurch der Teig aufgeht und locker wird. Aber Vorsicht: Die Milch, mit der die Hefe verrührt wird, sollte tatsächlich nur lauwarm sein, sondern sterben die Hefezellen ab. Bekommen die Hefepilze dann noch etwas Feuchtigkeit und »Nahrung« in Form von Mehl und Zucker, ist ein gelungener, luftiger Teig garantiert!

Zutaten für 1 Blech

Für die Streusel:
100 g Butter
70 g brauner Zucker
30 g weißer Zucker
abgeriebene Schale von
½ Bio-Zitrone
Mark von ½ Vanilleschote
Zimtpulver · Salz
140 g Mehl

Für den Hefeteig:
½ Würfel Hefe (21 g)
⅛ l lauwarme Milch
300 g Mehl · 50 g Zucker
2 Eigelb
1 EL Mandellikör · Salz
1 Msp. Vanillemark
1 Msp. abgeriebene Bio-Zitronenschale
50 g weiche Butter

Für die Mohnfüllung:
1 Apfel · 1 ¼ l Milch
300 g Zucker · 180 g Butter
abgeriebene Schale von
1 Bio-Zitrone
Mark von 1 Vanilleschote
Salz · 400 g gemahlener Mohn
45 g Hartweizengrieß
2 Eier · 75 g Rosinen

Außerdem:
flüssige Butter für das Blech
Mehl für das Blech und
die Arbeitsfläche
Puderzucker zum Bestäuben

Johannisbeertarte mit Haselnüssen

Zutaten für ca. 12 Stücke

Für den Mürbeteig:
100 g weiche Butter
50 g Puderzucker
Salz
Mark von ½ Vanilleschote
abgeriebene Schale von
½ Bio-Zitrone
1 Eigelb
150 g Mehl
weiche Butter für die Form
Mehl für die Form und
die Arbeitsfläche
getrocknete Hülsenfrüchte zum
Blindbacken

Für die Füllung:
50 g gemahlene Haselnüsse
25 g Speisestärke
30 g Hartweizengrieß
500 g Rote Johannisbeeren
4 Eiweiß
Salz
150 g Zucker

Außerdem:
Puderzucker zum Bestäuben

1 Für den Mürbeteig Butter, Puderzucker, 1 Prise Salz, Vanillemark und Zitronenschale mit den Knethaken des Handrührgeräts oder in der Küchenmaschine verkneten. Das Eigelb dazugeben und unterrühren, aber nicht schaumig schlagen. Zum Schluss das Mehl hinzufügen und alles rasch zu einem glatten Teig verarbeiten. Den Teig zu einem Rechteck formen, in Frischhaltefolie wickeln und 2 Stunden in den Kühlschrank legen.

2 Den Backofen auf 200 °C vorheizen. Eine große Tarteform (28 cm Durchmesser; oder zwei kleine Tarteformen à etwa 17 cm Durchmesser) mit Butter einfetten und mit Mehl ausstäuben. Den Teig auf der leicht bemehlten Arbeitsfläche nochmals kurz durchkneten und etwas größer als die Tarteform ausrollen. Die Tarteform damit auslegen, überstehende Enden abschneiden.

3 Den Teig mit einer Gabel mehrmals einstechen, mit Backpapier belegen, mit getrockneten Hülsenfrüchten auffüllen und im Ofen auf der mittleren Schiene etwa 14 Minuten blindbacken. Die Form aus dem Ofen nehmen, die Hülsenfrüchte mithilfe des Backpapiers entfernen. Die Backofentemperatur auf 180 °C herunterschalten.

4 Für die Füllung die Haselnüsse in einer Pfanne ohne Fett goldbraun rösten, aus der Pfanne nehmen und abkühlen lassen. Mit der Speisestärke und dem Grieß mischen. Die Johannisbeeren waschen, trocken tupfen und von den Stielen streifen.

5 Die Eiweiße mit 1 Prise Salz zu steifem Schnee schlagen, dabei nach und nach den Zucker einrieseln lassen. Die Haselnussmischung mit etwa 400 g Johannisbeeren unter den Eischnee heben und auf dem vorgebackenen Tarteboden verteilen. Die übrigen 100 g Johannisbeeren gleichmäßig daraufstreuen.

6 Die Tarte im Ofen auf der mittleren Schiene etwa 45 Minuten goldbraun backen. Herausnehmen, etwas abkühlen lassen und aus der Form lösen. Die Johannisbeertarte vor dem Servieren mit Puderzucker bestäuben und in Stücke schneiden.

Desserts & Gebäck

GUGELHUPF MIT LIMONCELLO-SABAYON UND MARINIERTEN GARTENBEEREN

Zutaten für 8 Personen

Für die Limoncello-Tränke:

½ l Weißwein
200 ml Sekt
1 EL Zitronensaft
2 Streifen Bio-Zitronenschale
120 g Zucker
200 ml Limoncello (siehe S. 19)

Für den Gugelhupf:

12 g Hefe
55 ml lauwarme Milch
165 g Mehl
2 Eier
10 g Zucker
Mark von ¼ Vanilleschote
abgeriebene Schale von ¼ Bio-Zitrone
1 Msp. Zimtpulver
Salz
1 EL Mohn
65 g weiche Butter
weiche Butter für die Formen

Für die marinierten Beeren:

500 g gemischte Beeren (z. B. Erdbeeren, Himbeeren, Heidelbeeren)
1–2 EL Puderzucker
einige Tropfen Limoncello-Tränke

Für das Sabayon:

200 ml Limoncello-Tränke (siehe oben)
4 Eigelb
1 Spritzer Zitronensaft

1 Für die Limoncello-Tränke den Weißwein mit Sekt, Zitronensaft, Zitronenschale und Zucker aufkochen, vom Herd nehmen und abkühlen lassen. Dann den Limoncello unterrühren. 200 ml für das Sabayon beiseitestellen, den Rest zum Tränken des Gugelhupfs verwenden.

2 Für den Gugelhupf die Hefe in der Milch auflösen, 55 g Mehl dazugeben und alles zu einem zähen Vorteig verrühren. Zugedeckt an einem warmen Ort etwa 15 Minuten gehen lassen. Inzwischen die Eier mit dem Zucker schaumig schlagen, Vanillemark, Zitronenschale, Zimt, 1 Prise Salz und Mohn unterrühren.

3 Den Vorteig mit dem restlichen Mehl und dem Eierschaum verkneten und, sobald der Teig bindet, nach und nach die weiche Butter unterarbeiten. Alles etwa 5 Minuten kräftig schlagen, am besten in der Küchenmaschine. Den fertigen Hefeteig mit Frischhaltefolie bedeckt an einem warmen Ort etwa 30 Minuten gehen lassen.

4 Inzwischen 8 Mini-Gugelhupfformen (à etwa 150 ml Inhalt) mit Butter einfetten. Den Backofen auf 190 °C vorheizen. Den Teig noch einmal durchkneten, in 8 Portionen teilen und die Gugelhupf-Förmchen damit etwa drei Viertel hoch füllen. Zugedeckt an einem warmen Ort nochmals etwa 15 Minuten gehen lassen, dann auf der mittleren Schiene im Ofen etwa 15 Minuten backen.

5 Die Gugelhupfe aus dem Ofen nehmen, sofort stürzen und noch heiß großzügig mit Limoncello-Tränke beträufeln. Die Küchlein abkühlen lassen.

6 Für die marinierten Beeren die Erdbeeren putzen, waschen und je nach Größe halbieren oder vierteln, die Himbeeren und die Heidelbeeren verlesen, waschen und trocken tupfen. Die Beeren mit Puderzucker bestäuben, mit Limoncello-Tränke beträufeln und mischen.

7 Für das Sabayon die beiseitegestellte Limoncello-Tränke mit den Eigelben in einer Metallschüssel im heißen Wasserbad mit dem Schneebesen feinschaumig aufschlagen. Mit Zitronensaft abschmecken und sofort verwenden. Je einen getränkten Gugelhupf auf einen Dessertteller setzen, das Sabayon außen herumziehen oder darüberträufeln und die Beeren darauf anrichten.

REGISTER

B/C

Bayerische Bouillabaisse mit Flusskrebsen 44

Bayerische Chilipaste 11

Bratkartoffelomelett mit Pilzen und Käse 31

Brezensalat mit Schafskäse und Oliven 26

Buttermilchwaffeln mit Kirsch-Anis-Ragout 108

Crème brulée mit Maronen 101

E/F

Eingelegter Bonifaz mit Radieserln und Schalotten 29

Eingelegter Ingwer 18

Eingelegter Kürbis 14

Folienkartoffeln mit pikantem Paprika-Kräuter-Dip 34

G

Gebackene Lammbrust auf Salat von Wurzelgemüse 86

Gebratene Wallerstückerl mit Paprika und Radi 51

Gebratener Forellenstrudel mit gelbem Bohnensalat 66

Gefüllte Kalbsbrust mit Kopfsalat in Radieserl-Kräuter-Vinaigrette 80

Gefüllter Kalbsrücken mit Apfel-Spitzkraut 76

Gefülltes Entrecôte mit Kartoffelgratin 74

Gegrillte Weißwurst auf Chili-Rahmkraut 84

Gemüsechips 16

Gemüsetarte mit Chilisalami 35

Geräucherte Gänsebrust mit mariniertem Sellerie 24

Geschmortes Rinderbackerl mit Kartoffel-Endivien-Püree 75

Getrüffelte Selleriesuppe mit Gemüsechips 41

Gewürzessig 13

Gewürzingwertee 18

Gratinierbutter 10

Gröstl vom Huchen mit Pilzen und Cocktailtomaten 50

Gugelhupf mit Limoncello-Sabayon und marinierten Gartenbeeren 116

H

Heilbutt auf Grünkohl mit brauner Buttersauce 59

Herbstlicher Fruchtsalat mit Mohn und Rieslingsabayon 100

Hirschrücken auf Holunder-Rotwein-Butter 94

Honigessig 13

I/J

Ingwerwasser 18

Johannisbeertarte mit Haselnüssen 114

K

Kabeljau auf Senfsauce mit Gurken-Spinat 60

Kalbsschnitzel auf Tomatenpfeffer 79

Karamellisierter Pfannkuchen mit Heidelbeeren und Rumsahne 106

Kartoffelchips 16

Knabber-Nussmischung 17

Knusprige Ente mit Brösel-knödeln 88

Kohlrabisuppe mit Pfifferlingen und Spinatpesto 42

Kokos-Curry-Suppe mit eingelegtem Kürbis 43

Kräuterbutter 10

Kräuterrahmsuppe mit Entenleberpflanzerln 38

Krokantparfait mit Limoncello und marinierten Pfirsichen 104

L

Lachsforelle auf Apfel-Rahmwirsing 67

Lauch-Zitronen-Suppe mit Kartoffeln und Schinken 40

Lauwarme Tafelspitzscheiben mit Kürbismarinade 36

Lauwarmer bayerischer Huchen auf Graupen-Kürbis-Gemüse 48

Limoncello 19

M

Marinierte Rote Bete mit gebackenem Karpfen 28

Mayonnaise 12

Mixed Pickles 15

Mohnstreuselkuchen mit Apfel 113

Münchner Zwiebelfleisch vom Almochsen 72

O/P

Orangen-Ingwer-Essig 13

Pflaumenparfait mit Punschsauce und Mandarinen 102

Piccata von der Lachsforelle auf Rahmspinat 68

R

Räucherforellenaufstrich mit Kartoffeln 30

Renke auf mariniertem Spargel mit Zitronenjoghurt 55

Renke auf rotem Zwiebelkraut mit Selleriesauce 54

Rinderlende mit Pilz-Kartoffel-Gröstl 78

Rindertatar mit Bratkartoffeln und Schnittlauch-Koriander-Sauce 32

Rücken und Pflanzerl vom Reh mit Gewürzkarotte 92

S

Saibling auf Sellerie mit Schnittlauchsauce 58

Saibling im Ganzen gebraten mit Kräuterkartoffeln 56

Salat in Kräuterrahmdressing mit gebratenen Obatzdnknödeln 25

Schneenockerl auf Holunder-Birnen-Sauce 105

Schweinekotelett auf Gartengemüse mit Apfel-Senfkörner-Joghurt 82

Semmelschmarren mit Rotweinzwetschgen 109

T/U

Tellersülze vom Huhn mit Mixed Pickles und Zitronendip 22

Topfenmousse mit Himbeeren und Baiserbröseln 98

Topfenstrudel mit Trauben 112

Überbackener Lammrücken auf Knoblauch-Oregano-Sauce 85

W

Wacholderessig 13

Wallerfilet und Wallerpflanzerl mit Meerrettichsauce und Gemüse 52

Windbeutel mit Vanillecreme und Erdbeeren 110

Z

Zander auf Kartoffel-Anis-Sauce 62

Zander auf offenem Krautstrudel mit Kartoffel-Chili-Sauce 63

Zweierlei vom Hendl auf buntem Tomatensalat 90

Zweierlei von der Forelle mit Knoblauch-Ingwer-Sauce 64

Willkommen bei Alfons Schuhbeck!

Alfons Schuhbecks Sternerestaurant »In den Südtiroler Stuben« liegt am historischen Platzl, im Herzen von München. Hier finden Sie auch seine Kochschule, sein Restaurant »Orlando« mit der »Orlando Bar«, seinen Eissalon sowie seinen Tee-, Gewürz- und Schokoladenladen. Seine Produkte können Sie bequem im Onlineshop bestellen. Weitere Informationen erhalten Sie im Internet, telefonisch oder persönlich am Platzl.

Schuhbecks
Am Platzl 2
80331 München
Tel.: 089/216690-110

www.schuhbeck.de
www.schuhbeck-gewuerze.de

Wegweiser zu den Sendungen 2014

Folge 1

Münchner Zwiebelfleisch vom Almochsen   72
Mixed Pickles   15
Tellersülze vom Huhn mit Mixed Pickles
und Zitronendip   22

Folge 2

Saibling auf Sellerie
mit Schnittlauchsauce   58
Essig veredeln (Gewürzessig)   13
Geschmortes Rinderbackerl
mit Kartoffel-Endivien-Püree   75

Folge 3

Hirschrücken auf Holunder-Rotwein-Butter   94
Eingelegter Kürbis   14
Lauwarmer bayerischer Huchen
auf Graupen-Kürbis-Gemüse   48

Folge 4

Kräuterrahmsuppe mit Entenleberpflanzerln   38
Mayonnaise   12
Gebackene Lammbrust auf Salat
von Wurzelgemüse   86

Folge 5

Gefüllter Kalbsrücken
mit Apfel-Spitzkraut   76
Gemüse- und Kartoffelchips   16
Kabeljau auf Senfsauce mit Gurken-Spinat   60

Folge 6

Heilbutt auf Grünkohl
mit brauner Buttersauce   59
Kräuterbutter   10
Schweinekotelett auf Gartengemüse
mit Apfel-Senfkörner-Joghurt   82

Folge 7

Gefüllte Kalbsbrust mit Kopfsalat
in Radieserl-Kräuter-Vinaigrette   80
Bayerische Chilipaste   11
Zander auf offenem Krautstrudel
mit Kartoffel-Chili-Sauce   63

Folge 8

Zweierlei vom Hendl auf buntem Tomatensalat   90
Knabber-Nussmischung   17
Rindertatar mit Bratkartoffeln und
Schnittlauch-Koriander-Sauce   32

Folge 9

Rücken und Pflanzerl vom Reh
mit Gewürzkarotte   92

Ingwerwasser, Gewürzingwertee
und eingelegter Ingwer   18

Zweierlei von der Forelle mit
Knoblauch-Ingwer-Sauce   64

Folge 10

Gebratener Waller mit kleinem Pflanzerl und
Meerrettich   52

Limoncello   19

Gugelhupf mit Limoncello-Sabayon und
marinierten Gartenbeeren   116